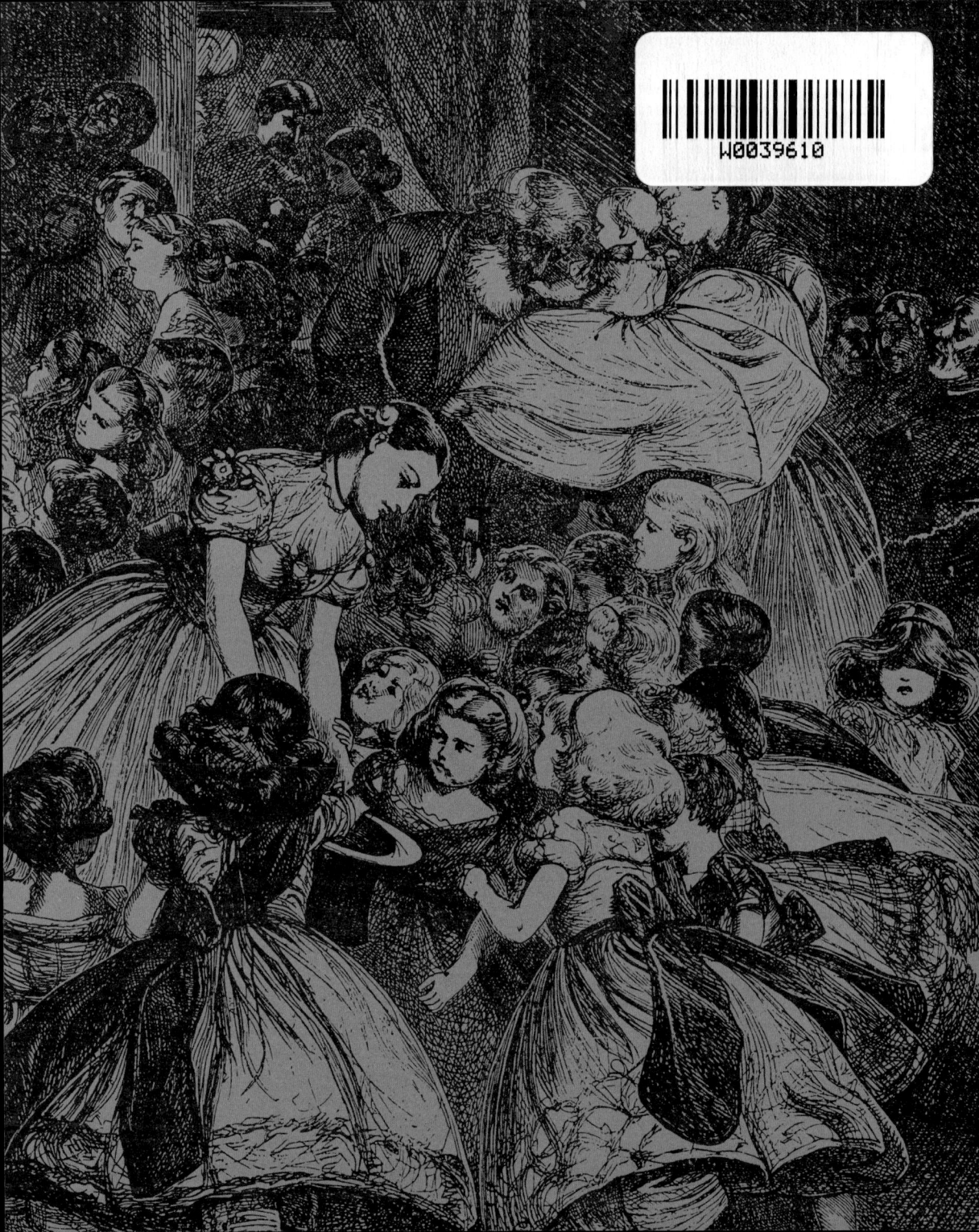

Dieses Buch
gehört:

Gisela Allkemper

Weihnachts-bäckerei

von Anisplätzchen bis Zimtstern

Hölker  Verlag

5 4

ISBN 3-88117-503-2

Gestaltung: Cornelia Haas

Redaktion: Christiane Leesker

© 1999 Verlag Wolfgang Hölker GmbH, Münster

Vollständig überarbeitete und erweiterte Neuausgabe.

Erstmals erschienen 1984 unter dem Titel

„Von Anisplätzchen bis Zimtsterne – rund um das weihnachtliche Backen“.

Inhalt

Plaudereien um das Brauchtum in der Weihnachtszeit

Mit der Adventszeit beginnt eine der an Volksbräuchen reichsten Jahreszeit. Schon im Altertum feierte man die Wintersonnenwende, ein fröhliches Fest, das uns viel an Brauchtum hinterlassen hat, denkt man z.B. an die sogenannten Heischegänge, die aus dem Perchtenlauf entstanden sind. Junge Burschen, wild verkleidet, zogen kettenrasselnd und Schabernack treibend durch die Straßen, um die Wintergöttin Perchta und mit ihr die rauhen Wintertage und -nächte zu bannen. In christlicher Zeit wandelte sich der Brauch dahingehend, daß arme Leute von Tür zu Tür gingen und um eine milde Gabe im Namen des Christkindes baten. Eine Art von Herbergssuche? Auch heute noch ziehen Gruppen junger Leute von Tür zu Tür, klopfen an, wünschen Glück, singen Lieder, zum Teil religiöser Art, und erwarten als gute Gegengabe Plätzchen, Süßigkeiten oder auch Geld für Menschen in Not.

Vor solch heidnischem Hintergrund ist auch das Aufstellen des heutigen Adventskranzes zu verstehen. Ursprünglich heftete man an die Türen und Wände der Stallungen und des Wohnhauses frisch geschnittene Tannen- oder Mistelzweige zum Schutz gegen die dunklen

Mächte des Winters. Nun, die haben wir nicht mehr zu fürchten. Der Kranz mit seinen vier Kerzen aber läßt uns – Woche für Woche eine Kerze mehr ansteckend – die Ankunft des Herrn erwarten. Der Beginn des Kirchenjahres wird also festlich eingeleitet.

Eine besondere Stellung im Zyklus des Weihnachtsbrauchtums nimmt das Fest des St. Nikolaus ein. Die Verehrung geht auf den Bischof Nikolaus von Myra um 400 n.Chr. zurück. Er wurde zum Schutzpatron der Schiffer und Bäcker. Schon im 14. Jahrhundert feierte man ihn als den guten Mann, der sich besonders notleidender Kinder annahm und diese beschenkte. Und alle Jahre wieder am 6. Dezember sehen wir ihn, in seinen roten Bischofsmantel gehüllt und auf einem Schimmel reitend, wie er seinen prallen Jutesack öffnet, um die Großen und Kleinen zu beschenken. Immer ist dann auch der Spekulatius dabei, ein Gebäck, das vor allem im Norden Deutschlands das Kultgebäck und Gebildbrot am Nikolaustag darstellt.

Weniger alt, aber kaum noch wegzudenken ist der Weihnachtsbaum. Auch sein Einzug in die Wohnzimmer geht auf das Einholen von frischen Zweigen zurück. Den wohl ältesten schriftlich vermerkten Bericht darüber liefert uns eine 1605 in Straßburg verfaßte Chronik. Darin heißt es: „Auf Weihnachten richtet man Dannenbäum in Strasburg in den Stuben auff, daran hencket man Rossen aus vielfarbigem Papier geschnitten, Äpfel, Oblaten, Zischgolt, Zucker…"

Und später beschreibt der Simplizianische Wundergeschichten-Calender von 1795 die Weihnachtsbäume in Nürnberg so: „Der stand nun in einer Stube in der Ecke, und seine Zweige waren so ausgebreitet, daß sie fast die Hälfte der Decke der Stube bedeckten und man darunter stand wie unter einer Sommerlaube. An allen Ästen und Zweigen hingen nun allerhand kostbare Konditor- und Zuckerwaren, als: Engel, Puppen, Tiere und dergleichen, alles von Zucker; welches mit den Blüten des Baumes gar artig harmonierte. Ferner hing auch vergoldetes Obst, von allen Sorten, in großer Menge daran, so daß man unter diesem Baum wie in einem Speisegewölbe sich befand: und es ist nur jammerschade, daß nicht auch Schinken und Bratwürste (wovon ich ein großer Liebhaber bin) und Schwartenmägen, Ochsenfüße nebst gebratenen Tauben daranhingen. In der Mitte dieses Magazins befand sich der Heilige Geist in seiner gewöhnlichen Gestalt, als eine allerliebst schöne Taube von Zucker, zur Rechten hing das Christkind, und zur Linken seine Mutter – gar niedlich anzusehen und alles von Zucker, so ich beide, die Jungfrau Maria nebst ihrem Kinde, vor Liebe wohl hätte fressen mögen, wenn es erlaubt gewesen. Endlich war der ganze Baum, mit all seinen Zweigen und Früchten, mit einem goldenen Netz, das von vielen tausend vergoldeten und an Schnüren gereihten Haselnüssen gar künstlich zubereitet war, überzogen und mit Girlanden und Bandelotten wie an einem Kronleuchter geziert. Zwischen allen diesen unbeschreiblichen Kostbarkeiten leuchteten eine unzählige Menge Wachslichtlein hervor, wie Sterne am Himmel, welches ein prächtiger Anblick war ...“

Geplündert wurden die Bäume erst am Dreikönigstag, denn die Wertschätzung der Gebäcke, meistens Gebildbrote in Form von Lebkuchen, Springerle und Spekulatien, beruhte sowohl auf den teuren Gewürzen und dem Zucker, aber auch auf der Aussagekraft der kunstvoll geprägten und verzierten Gebäckstücke.

Zunächst dem Adel, den Spitälern und Zünften vorbehalten, wurde der Weihnachtsbaum von da an immer stärker in das Brauchtum aller Familien um das Christfest mit einbezogen. Nicht nur kleine Geschenke lagen unter dem Baum, sondern ganze Krippenlandschaften, Ausdruck der frommen Botschaft, wurden Mittelpunkt und Andachtsträger des Festes. Und auch Silvester/ Neujahr gehört mit in den Reigen des weihnachtlichen Brauchtums. Die Zeit zwischen Weihnachten und dem Dreikönigstag galt als eine stille Zeit. Sie war der Familie und der Pflege guter Beziehungen zu Nachbarn, Freunden und Verwandten gewidmet. Das Personal bekam Urlaub, und nur die notwendigsten Arbeiten wurden im Haushalt verrichtet.

Ist das Brauchtum um Neu-jahr auch weniger religiös zu sehen, so hat es doch eine lebhafte Geschichte, wonach man von alters her hoffnungsfroh und feierfreudig in die Zu-kunft blickte. Man goß Blei, um daraus – in ge-selliger Runde – eben diese Zukunft lesen zu können. Und man backte frische Kuchen mit Glücksbringern in der Mitte. Waffeln, als duftendes Gebäck am Abend selbst und von allen Freunden eigenhändig gebacken, verkürzten ebenfalls die Wartezeit. Und dazu trank man einen Glühwein oder Punsch, der den Magen wohlig wärmte. Am Neujahrstag selbst war es vielfach Sitte, daß die Kinder die Paten besuchten, um ihnen ein gesundes Neues Jahr zu wünschen. Sie beschenkten sie – oder mancherorts ließen sie sich von ihnen beschenken – mit Brezeln, Hefezöpfen oder anderem Gebäck. Die Bauern sprachen in diesen Tagen einen Segen über Vieh und Acker. So verabschiedete man das alte Jahr im Guten und hoffte auf ein glücklicheres neues.

Gebildbrote, würziges Kultgebäck aus Pfefferkuchen- oder Lebkuchenteig

Die wohl älteste Form des Backens – neben den Fladen – ist die der geformten Gebildgebäcke, die gleichzeitig Kultgebäcke waren. Schon im alten Ägypten legte man Gebildbrote mit ins Grab. Sie sollten dem Toten Segen bescheren und die Götter freundlich stimmen.

Der heilige Eligius (er lebte im 7. Jh. n. Chr.) ermahnte in einer Adventspredigt seine Gläubigen, keine „lächerlichen Weibsbilder oder Tierfigürlein" zu backen. Er war um die Frömmigkeit seiner Gemeinde besorgt, denn die Symbole waren heidnischen Ursprungs. So bedeutete eine Brezel z.B. ein Sonnenrad, ein Hase stand für Leben und Fruchtbarkeit, und noch viele andere Formen symbolisierten an Weihnachten und zum Neuen Jahr Glück und Segen.

Die ältesten Model, in denen man später das Gebäck zu Bildern formte, kennen wir aus dem frühen Mittelalter. Sie waren aus Ton. Da sie aber leicht zerbrachen, ging man auf Zinn- oder Holzmodel über. Vielzählig waren die Motive, die man einschnitzte. Die Skala reichte von den heidnischen Glücksbringern (Hasen, Puppen, Sonnenrädern), von den kirchlichen Motiven (Herz, Andachtsbilder, Bibelszenen, Madonnenplätzchen), über Wappenbilder, Heiratsanzeigen, Stadtansichten, bis zu sozialpolitischen Bildern, in denen teilweise sogar Unmut über die Verhältnisse des Landes bildhaft dargestellt wurde. Letzteres war, wie man sich denken kann, nicht ungefährlich.

Die Kunst, Model herzustellen, brachten Frankfurter, Kölner und Nürnberger Kaufleute aus Genua und Venedig mit. Und landschaftlich unterschiedlich formte man Lebkuchen, Marzipan, Springerle oder gewürzte Mürbeteigplätzchen darin aus.

Die wohl berühmteste und auch älteste Art, Gebäcke in Modeln zu formen und dann zu backen, sind aber die Lebkuchen. Da sie mit Honig, einer heiligen Göttergabe, gesüßt wurden und damit als Lebensspender und heilbringend galten, übernahmen zunächst Mönche die Aufgabe des Backens und des Verkaufs. Später bildete sich eine spezielle Bäckerzunft, die der Lebküchner, heraus. Der Schwerpunkt der Lebkuchenbäckerei lag in der Nürnberger Gegend.

Nürnberg, im Schnittpunkt wichtiger Handelsstraßen gelegen, mit seinen Nadelbäumen, Heidekrautflächen und damit honigreichen Waldgebieten („des Heiligen Römischen Reiches Bienengarten"), bot die besten Voraussetzungen für diese Zunft. Hinzu kam der Handel mit orientalischen Gewürzen wie Kardamom, Muskat, Ingwer und Pfeffer. Der Pfeffer, das dominierende Gewürz der damaligen Küchenkunst, wurde zum Sammelbegriff aller Gewürze. Pfefferkuchen sind also kräftig abgeschmeckte Gewürzkuchen, die durchaus keinen Pfeffer, aber ursprünglich immer siebenerlei oder neunerlei Gewürze aus den „Pfefferländern" des Orients beinhalteten. Wen wundert es also, daß bei der Beliebtheit und der vermeintlichen Heilkraft der Leb- und Pfefferkuchen bald ein blühender Berufsstand daraus hervorging, der noch heute Weltruf genießt. Honig, Leb- und Pfefferkuchen müssen, damit sie saftig und würzig schmecken, einige Zeit im voraus gebacken werden. Beginnen Sie am besten schon in der ersten Adventswoche damit.

Heben Sie das Gebäck in festschließenden Dosen auf. Vor dem Verzehr einige Zeit der Luft aussetzen. Man kann aber auch einige Apfelschnitze mit in die Dose geben. Das macht die Kuchen weich und mürbe.

Elisenlebkuchen

Die Herkunft des Namens schreibt man einem süddeutschen Lebküchner zu, der sein Töchterlein Elise verlor und ihm damit ein ehrendes Gedenken setzen wollte. Elisenlebkuchen stehen heute als das feinste Lebkuchengebäck stellvertretend für viele andere Köstlichkeiten, wie z.B. die „Kaiserlein", die der greise Kaiser Friedrich III 1487 an arme Stadtkinder verteilte. Diese Lebkuchen wurden auch später noch über lange Jahre hin mit dem Bildnis des jeweils herrschenden Kaisers verschenkt.

4 Eier, 200 g Puderzucker, 1 Päckchen Vanillezucker, 1 Messerspitze Salz,
175 g Zitronat, 50 g Orangeat, 2 TL Zimt, je 1 Messerspitze
gemahlene Nelken, Piment, Kardamom, 180 g gemahlene Mandeln,
180 g gemahlene Haselnüsse, abgeriebene Schale von
1 unbehandelten Zitrone, 200 g Mehl, große runde Backoblaten
Glasur: 200 g Puderzucker, 40 g Kakao, 30 g erwärmtes Kokosfett,
4–5 EL heißes Wasser oder 250 g Puderzucker, 1 Eiweiß,
3 Tropfen Zitronensaft

Eier und Zucker schaumig rühren. Die übrigen Zutaten nach und nach zugeben. Den Teig fingerdick auf Oblaten streichen und bei 175–200 °C etwa 15–20 Minuten backen. Die ausgekühlten Lebkuchen mit dem Guß überziehen, den man aus den angegebenen Zutaten hergestellt hat. Man kann aber auch halbierte Mandeln oder kandierte Früchte vor dem Backen zur Verzierung in den Teig drücken. Man ißt dies Gebäck zu Tee oder Kaffee oder, wie es die Mönche früher hielten, zu Wein.

Nürnberger Eierzucker
oder Springerle

Die Nürnberger nennen dieses Gebäck „Eierzucker", die Schwaben sagen „Springerle" dazu. Eierzucker hat seinen Namen von dem hohen Ei- und Zuckergehalt des Gebäcks; Springerle sagt man, weil der Teig beim Backen um die Hälfte in die Höhe geht, pardon: springt. Ob Eierzucker oder Springerle, das Rezept ist Jahrhunderte alt. Der Teig wird in ein Model gedrückt, ausgeklopft, gebacken und häufig auch noch bunt bemalt. Da gibt es herrliche Bilder, die in die Formen eingegossen oder -geschnitzt waren: Jagdszenen, Paare in höfischen Trachten, Konterfeis der Schnitzer, der Bauern und der Adeligen und anderes mehr.

3 Eier, 250 g Puderzucker, 1 Päckchen Vanillezucker, 250 g Mehl,
1 Prise Hirschhornsalz oder 1 Messerspitze Backpulver,
1 EL gemahlener Anis,
abgeriebene Schale von 1 unbehandelten Zitrone
Außerdem: Backpapier und Anis für das Backblech

Wenn Sie Hirschhornsalz verwenden, müssen Sie es in wenig kaltem Wasser anrühren und dann dem Teig beigeben.
Die Eier mit dem Zucker weiß-schaumig rühren. Danach die übrigen Zutaten einarbeiten. Den Teig vorsichtig auf bemehlter Unterlage 1 cm dick ausrollen. Modelgroße Stücke abschneiden, in Formen pressen und die überstehenden Reste abschneiden. Ausklopfen und auf ein mit Backpapier ausgelegtes und mit Anis bestreutes Blech legen. 24 Stunden in einem trockenen, warmen, aber nicht überheizten Raum ruhen lassen. Während dieser Zeit setzt sich unten ein „Füßchen" ab.

Bei 150 °C in etwa 20 Minuten ausbacken. Damit die Springerle obenauf nicht dunkel werden, deckt man sie in der zweiten Backzeithälfte mit Folie ab. Den Ofen in den ersten 10–12 Minuten nicht öffnen.

Springerle sollten unten hellbraun gebacken und obenauf noch weiß sein. Wenn man in das Gebäck beißt, sollte es krachen, aber innen muß es zart und weich sein. Man bewahrt sie offen an einem kühlen Ort auf.

Sind die Springerle als Weihnachtsbaumschmuck vorgesehen, so sollten die Figuren mit buntem Zuckerguß ausgemalt werden. Diese Arbeit macht besonders Kindern Freude.

Braune Kuchen

Ohne braune Kuchen wäre das Weihnachtsfest in Norddeutschland undenkbar. Sie werden milchkannenweise gebacken, damit man nicht nur zu Weihnachten, sondern auch zum Dreikönigssingen und darüber hinaus noch Vorrat hat. Die letzten, etwas weich gewordenen Plätzchen aß man früher als Belag auf gebuttertem Brot.

250 g Sirup oder fester Honig, 100 g Butter, 100 g Schmalz,
200 g Zucker, 500 g Mehl, je 1 TL Kardamom, Nelkenpfeffer, Zimt,
unbehandelte Zitronenschale, Backpulver oder Natron

Den Sirup im Wasserbad langsam zum Kochen bringen, abkühlen lassen und mit den anderen Zutaten zu einem geschmeidigen Teig verkneten. Den Teig einige Stunden kühl stellen. Danach ausrollen, Formen oder Rechtecke ausstechen und mit Mandeln belegen. In 10 Minuten bei 200 °C braun abbacken und auskühlen lassen. Dann in gut schließenden Blechdosen aufbewahren.

Einfache Nürnberger Lebkuchen

Rezepte für Lebkuchen werden gehütet wie die eines guten Pastetenbäckers und nur den Töchtern und Söhnen weitervererbt. Es ist keine Legende, daß die berühmten Lebküchner (Lebkuchenbäcker) ihre Gesellen nur die „groben" Zutaten abwiegen ließen, die Mischung der Spezereien aber selber vornahmen.

250 g Zucker, 4 Eier, 50 g Zitronat und 50 g Orangeat,
kleingeschnitten, 100 g Mandeln, geschält und gehobelt,
250 g Mehl, 5 g Zimt, 5 g Kardamom,
je eine Messerspitze Nelkenpulver, Muskatblüte,
Hirschhornsalz, 1 EL kalte Milch, runde Oblaten
Außerdem: Zuckerglasur (Rezept S. 46)

Eier mit Zucker schaumig rühren, nach und nach die anderen Zutaten hinzufügen. Das Hirschhornsalz in der Milch auflösen, daruntermischen und zum Schluß das Mehl dazugeben. Die Masse auf runde Oblaten von 6 cm Durchmesser verteilen.
Über Nacht stehen lassen, bei 180 °C ca. 30 Minuten backen. Noch warm mit weißem Zuckerguß bestreichen.

Moppen oder Pflastersteine

Dieses Lebkuchengebäck hat in seiner Form Ähnlichkeit mit Pflastersteinen. Es soll an die Steinigung des heiligen Stephanus erinnern, dessen Namenstag die katholische Kirche seit dem frühen Mittelalter am 2. Weihnachtstag feiert. In vielen Orten werden von altersher morgens nach dem Hochamt zum Frühschoppen in der Gastwirtschaft Schnäpse serviert und Moppen angeboten. Dieser Brauch heißt im Volksmund Stephanussleinigen.

2 Eier, 250 g Zucker oder 200 g Honig und 50 g Zucker,
300 g Mehl, 1 Messerspitze Nelkenpulver, 1 TL Zimt,
etwas Pottasche (in ganz wenig Milch aufgelöst),
50 g gemahlene Mandeln, etwas Milch zum Bestreichen

Eier und Zucker schaumig rühren (den Honig vorher leicht erwärmen). Die übrigen Zutaten einarbeiten. Lange Rollen formen und diese in 2 cm dicke Scheiben schneiden. Daraus Kugeln drehen und diese leicht flach klopfen. Ein Backblech mit Folie auslegen. Da die Moppen beim Backen etwas auseinanderlaufen, sollte man sie nicht zu dicht auf das Blech setzen. Mit Milch bestreichen und bei 175 °C etwa 15 Minuten backen lassen. Sie sollen goldbraun sein.
Das Gebäck einige Tage offen an der Luft stehen lassen. Erst dann in dicht schließende Dosen legen. Wer sein Gebäck verzieren will, drückt vor dem Backen halbe abgezogene Mandeln oder kandierte Kirschen hinein.

Neißer Konfekt

Die alte Bischofsstadt Neiße war eine der berühmtesten „Honigkuchenstädte". Schon im 17. Jahrhundert gab es dort diese Pfefferküchlein, „Konfekt" genannt, in Form von Gebildbroten, wie z. B. Adam und Eva, Maria und Christus, Landsknecht und Edelfräulein. In späteren Zeiten begnügte man sich mit Herzchen- oder anderen Plätzchenformen.

250 g gemahlene Mandeln, 50 g gewürfeltes Zitronat, 1 kg Mehl,
500 g Honig, 500 g Zucker, je 1 TL Zimt, Kardamom,
Nelken (gemahlen), 2 Eier, 15 g Pottasche (in 4 EL Wasser gelöst)
Glasur: 250 g Puderzucker und etwas Zitronensaft oder Wasser

  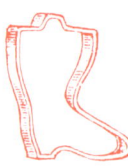 

Die gemahlenen Mandeln und das gehackte Zitronat werden mit dem Mehl vermischt. Honig und Zucker im Wasserbad aufkochen und mit den Gewürzen mischen. Diese heiße Masse von der Mitte aus in $2/3$ des Mehls arbeiten, so daß ein weicher Brei entsteht. Wenn die Masse abkühlt, gibt man die verschlagenen Eier und die aufgelöste Pottasche zu und rührt sie unter den Teig.

Dann knetet man den Rest des Mehls in diesen weichen Teig, bis er nicht mehr klebt. Er wird dünn ausgerollt und mit verschiedenen Formen zu Plätzchen ausgestochen. Bei Mittelhitze etwa 15 Minuten abbacken. Nach dem Auskühlen mit Glasur bestreichen. Das Konfekt schmeckt erst nach ein paar Tagen so richtig gut. In Blechdosen aufbewahrt, hält es sich monatelang frisch.

Bauernbissen

sind schnell und preiswert zuzubereitende schlesische Pfefferkuchen. Sie stammen aus dem Glatzer Ländchen um Wartha und waren als typisches Weihnachtsgebäck auch in Breslau höchst beliebt. Aber man aß diese leichten, hellbraunen Honigkuchen nicht nur zur Weihnachtszeit, sondern sie waren in vielen Familien zu jeder Jahreszeit beim Sonntagnachmittagskaffee dabei.

500 g Weizenmehl, 125 g Roggenmehl, 1 Päckchen Backpulver,
125 g Honig, ¼ l Wasser, 60 g Zucker, Salz,
1 Päckchen Lebkuchengewürz, 1 TL gemahlener Anis

Das Mehl sieben und mit dem Backpulver vermischen. Honig, Wasser, Zucker und Salz verrühren, mit den Gewürzen unter das Mehl kneten und schnell zu einem glatten Teig ver- arbeiten. Den Teig 1 Tag kühlstellen. Dann nochmals durchkneten und kleine Kugeln daraus formen. Dicht auf ein gefettetes Blech setzen, damit sie aneinander- backen. Auf der mittleren Schiene 30 Minuten bei 180 °C backen. Die Bissen noch warm auseinander- brechen und auskühlen lassen.

Aachener Printen

Aachener Printen sind so bekannt, daß sie in die ganze Welt verschickt werden. Eigentlich stammen sie aus dem nahegelegenen Dinant in Belgien. Hier ziselierten flandrische Gießer schon am Ende des 15. Jahrhunderts beliebte Backformen aus Metall. Der Teig war ursprünglich ungesüßt oder nur schwach mit Honig versetzt. Erst später wurde das Gebäck von den Zuckerbäckern so verfeinert, wie wir es heute schätzen. Der Teig muß so geschmeidig sein, daß er sich „printen", also drucken läßt. Das war früher eine Kunst, worauf sich nur wenige verstanden. Man setzte den Teig schon im Herbst mit Pottasche an und stellte ihn in den Keller, damit er dort reifen und gären konnte. Gebacken wurden die Printen über offenem Eichenholzfeuer.

Da Printen nach dem Backen sehr hart und schwer zu beißen sind, bricht man sie ab und läßt sie stückchenweise im Mund zergehen. Erst dann entfaltet sich das ganze Aroma der Gewürze. Wer weiche Printen vorzieht, sollte sie einige Zeit der feuchten Luft aussetzen oder mit Äpfeln zusammen aufbewahren.

500 g Honig, 2 EL Wasser, 125 g Zucker, 125 g brauner Kandiszucker,
5 g Pottasche, 600 g Mehl, 60 g Zitronat oder Orangeat,
etwas gemahlener Anis, je 1 Prise Piment, Nelkenpulver und
gemahlener Koriander, 1 TL Zimt, 1 Prise Natron,
Milch zum Bestreichen

Den Honig mit etwas Wasser erhitzen. Den Zucker und Kandiszucker darin auflösen. Die Pottasche in wenig Wasser auflösen. Mit allen anderen Zutaten vermengen und einige Tage kühl stellen. Dann den Teig 1/2 cm dick ausrollen und zu 3 x 8 cm großen Rechtecken schneiden. Wenn Sie Print-Model besitzen, drücken Sie den Teig hinein und klopfen ihn wieder aus dem Model. Die Gebäckstücke auf ein mit Wasser bespritztes Blech legen, mit Milch bestreichen und bei 220 °C 15 Minuten backen.

Pfeffernüsse

375 g Sirup, 250 g Zucker, 100–150 g Schmalz oder Butter,
1 TL gemahlener Koriander, 1 TL gemahlene Nelken,
1 TL feingeschnittene Apfelsinenschale, 50 g Zitronat,
1 kg Mehl (oder etwas mehr), 1/2 TL Salz,
etwas Hirschhornsalz, 1 TL Pottasche

Den Sirup mit dem Zucker, dem Fett und den Gewürzen aufkochen und erkalten lassen. Umrühren und mit den übrigen Zutaten verkneten. Den Teig zugedeckt 3–4 Tage in den Kühlschrank stellen. Man formt aus dem Teig kleine, abgeflachte Kugeln und backt sie in 20 Minuten bei 175–200 °C goldbraun. Hübsch mit Zitronen- oder Schokoladenglasur und Zuckerperlen verzieren.

Echter Honigkuchen

Wichtig für das gute Gelingen eines Honigkuchens ist die richtige Anwendung des Treibmittels Pottasche. Sie lockert den Teig mit Hilfe der natürlichen Säuren des Bienenhonigs, die damit freigesetzt werden. Das aber dauert Wochen, so daß der Teig etliche Zeit vor dem Abbacken angesetzt werden muß.

500 g Honig, 250 g Farinzucker, 1 Tasse Wasser, 15 g Pottasche,
1 EL Rum, 750 g Mehl, 100 g Schmalz, 1 TL Nelkenpfeffer,
½ TL Kardamom, 1 TL Zimt
Außerdem: Eigelb zum Bestreichen und Mandeln zum Garnieren

Honig, Zucker und Wasser erhitzen, bis alles geläutert ist. Abkühlen lassen. Die Pottasche mit dem Rum verrühren. Alle Zutaten miteinander vermengen, wobei die aufgelöste Pottasche als letztes hineingearbeitet wird. Den Teig 2–3 Wochen – und länger – kühl stellen. Dann 2–3 cm dick auf ein gefettetes Blech streichen. Den Teig mit Eigelb bestreichen und mit längshalbierten Mandeln verzieren. Bei 175 °C sehr langsam backen (ca. 1 ½ – 2 Stunden). Dann vom Blech lösen und sofort in 6 x 20 cm große Rechtecke schneiden. Aneinander auskühlen lassen, da sonst die seitlichen Schnittflächen austrocknen.

Varianten:
Wenn Sie den Teig verfeinern wollen, geben Sie 1 Ei, Zitronat und Mandeln dazu. Wollen Sie sich das Schneiden der Teigplatte ersparen, dann füllen Sie den Teig in Kastenformen

und backen die Kuchen darin. In der Form gebackenen Honigkuchen ißt man häufig so: Man schneidet ihn in Scheiben, bestreicht diese dick mit Butter und legt eine Scheibe Schwarzbrot oder Vollkornbrot darauf.

Krefelder Klaaskerl

Das größte in Krefeld bekannte Model ist ein 1,93 m großer Klaaskerl. Die darin gebackenen „Männer" wurden in alter Zeit an die umliegenden Waisenhäuser verschenkt.

500 g Sirup oder Rübenkraut, 3 EL Wasser, 600 g Mehl, 200 g Zucker,
1 Päckchen Lebkuchengewürz oder: 1 Prise Piment, 3 TL Anis,
2 TL Zimt, 2 TL Koriander, je 1 Prise gemahlene Nelken,
Kardamom und Muskatnuß, Natron

Den Sirup mit dem Wasser soweit erhitzen, daß sich beides gut vermischt. Danach alle Zutaten nach und nach zugeben und zu einem glatten Teig verarbeiten. 24 Stunden ruhen lassen, nochmals durchkneten und in Klaaskerlformen drücken. Ein Backblech mit kaltem Wasser bespritzen, die Klaaskerle darauflegen, mit Sirup bestreichen und abbacken.

Braunschweiger Honigkuchen

Alte Honigkuchenstädte sind Bremen und Braunschweig. Im Gegensatz zu den „Platenkuchen" am Rhein und in Süddeutschland backte man hier „dicke Kuchen". Der Honig, der für dieses Gebäck nötig war, wurde aus der Heide geholt. Das Weizenmehl stammte von den fruchtbaren Lößböden des Braunschweiger Raumes. Hans Wiswe aus Wolfenbüttel, Sprachforscher des niedersächsischen Raumes, erzählte mir, daß die Honigkuchen hierzulande früher nie selbst gebacken wurden. Vielmehr besorgten das die Honigkuchenbäcker. Sie verkauften ihre Kuchen an Ständen und Haustüren, bei Prozessionen am Wegesrand und auf den Weihnachtsmärkten.
Honigkuchen war nicht nur ein beliebtes Gebäck, es diente ebenso zum Andicken von Soßen und besonders zum Herstellen der berühmten norddeutschen Branntweinkaltschalen.

250 g Honig, 125 g brauner Zucker, 100 g Butter, etwas Wasser,
500 g Mehl, 1 Päckchen Backpulver (früher Pottasche), je 1 TL Zimt,
Ingwer, Kardamom, geriebene Muskatnuß, 100 g geriebene Mandeln,
2 Eier, 1 Prise Salz

Honig, Zucker und Butter mit etwas Wasser in einem Topf erhitzen und wieder auskühlen lassen. Das Mehl mit dem Backpulver, den Gewürzen und den Mandeln mischen, in eine Schüssel geben und mit der Honigmasse und den Eiern verrühren. Den Teig mit Salz kräftig abschmecken, in eine mit Butter ausgestrichene Kastenform füllen und bei 180 °C auf der unteren Schiene des Backofens etwa 75 Minuten abbacken. Das Gebäck sollte stark gewürzt sein. In früheren Zeiten gab man sogar noch eine kräftige Prise Pfeffer hinein. Hans Wiswe: „Das diente zur besseren Verdauung und zum Abwenden von Krankheiten, wie man meinte.“

Honigkuchen-Buchstaben

Bei Kindern sehr beliebt ist Buchstabengebäck. Das Herstellen von Schablonen, das Ausformen, Backen und Bemalen der Buchstaben aus Lebkuchenteig ist eine wunderbare Beschäftigung. Da kann man z.B. die Namen der Kinder Buchstabe für Buchstabe hübsch verzieren und vor seinen „Teller“ stellen. Man kann Buchstaben an bunten Bändern wie eine Kette an den Weihnachtsbaum hängen und vieles mehr. Wichtig bei der Teigherstellung ist, daß er nicht zu dünn ausgerollt wird, damit die Buchstaben in sich stabil sind.

500 g Honig, knapp 1/16 l (60 ccm) Wasser, 400 g Weizenmehl,
250 g Roggenmehl, ½ TL Backpulver, ½ TL Natron,
20 g Neunerleigewürz
Außerdem: etwas Milch oder Wasser zum Bestreichen, Zitronat,
Orangeat, kandierte Kirschen, halbierte Walnüsse,
abgezogene, halbierte Mandeln, bunter Zuckerguß

Zuerst überlegt man, welche Buchstaben man braucht. Dann zeichnet man sie auf einen Karton (nicht schmaler als 2 cm, 10 cm hoch) und schneidet sie aus. Dann den Honig mit dem Wasser erwärmen und wieder abkühlen lassen. Mehl, Backpulver und Gewürze mischen. Den abgekühlten Honig hineinfließen lassen und zu einem glatten Teig verkneten. Zudecken und wenigstens eine Nacht ruhen lassen. Dann auf einer bemehlten Fläche ½ cm dick ausrollen, die Schablonen auflegen und mit einem spitzen Messer ausschneiden. Ein Backblech mit Backpapier auslegen. Die Buchstaben darauflegen, mit Milch oder Wasser bestreichen und mit Mandeln, Nüssen oder Früchten belegen. Im vorgeheizten Ofen bei 225 °C 15 Minuten backen. Auf einem Kuchendraht auskühlen lassen. Vorsicht, daß keine Teile ab- brechen! Mit verschiedenfarbigem Zuckerguß aus der Tube bemalen. Natürlich können Sie den Guß auch selber machen: Puderzucker mit Säften dick anrühren, in eine Tüte mit abgeschnittener Spitze füllen und los geht's.
Achtung: Der Brei darf nicht zu dünnflüssig und die Tütenöffnung nicht zu groß sein!
Die Buchstaben mittels Zuckerguß oder Schokoguß auf ein rechteckiges Butter- plätzchen (Rezept S. 48) kleben.

Weckmänner oder Stutenkerle

Ein Gebildbrot, das man im Rheinland und in Westfalen kennt, sind die aus gutem Hefeteig gebackenen Weckmänner (Rheinland) oder Stutenkerle (Westfalen). Sie symbolisieren den Hans Muff, den Knecht Ruprecht, den drohenden Begleiter des heiligen Nikolaus. Die Kinder nehmen sie am Nikolaustag mit zur Schule, oder sie werden bei einer Tasse Milchkaffee genüßlich zu Hause verzehrt. Für Kinder ist die kleine Tonpfeife, die der „Mann" im Munde trägt, das Wichtigste.

500 g Mehl, 40 g Hefe, ¼ l Milch, 1 Prise Salz, 100 g Butter,
60 g Zucker, 2 Eier, Rosinen für die Augen

Aus den Zutaten einen geschlagenen Hefeteig bereiten und gehen lassen. Ausrollen. Eine Schablone für den Stutenkerl herstellen. Auf den Teig legen und Stutenkerle ausschneiden.
Die Rosinen als Augen einsetzen. Eine kleine Tonpfeife da einlegen, wo der Mund angedeutet wird. Bei 175 °C ca. 20 Minuten abbacken, eventuell mit Zuckerglasur zart überziehen.

Frankfurter Brenten

Dieses köstliche Marzipangebäck gibt es seit dem 16. Jahrhundert. Sein Name leitet sich, ebenso wie der der Aachener Printen, vom englischen to print = drucken ab. Von Goethe weiß man, daß er sich oftmals selbstgemachte Brenten und Bethmännchen von seiner Mutter nach Weimar schicken ließ. Und Mörike widmete den Brenten sogar folgendes schwärmerische Gedicht:

Mandeln erstlich, rat' ich dir,
Nimm drei Pfunde, besser vier
(im Verhältnis nach Belieben).
Diese werden nun gestoßen
Und mit ordinärem Rosen-
Wasser feinstens abgerieben.
Je aufs Pfund Mandeln akkurat,
Drei Vierling Zucker ohne Gnad'.
Denselben in den Mörsel bring,
Hierauf ihn durch ein Haarsieb schwing!
Von deinen irdenen Gefäßen
Sollst du mir dann ein Ding erlesen,
Was man sonst eine Kachel nennt,
Doch sei sie neu zu diesem End'!
Drein füllen wir den ganzen Plunder
und legen frische Kohlen unter.
Jetzt rühr und rühr ohn' Unterlaß
Bis sich verdicken will die Mass'
Und rührst du eine Stunde voll!
Am eingetauchten Finger soll

Das Kleinste nicht mehr hängen bleiben;
So lange müssen wir es treiben.
Nun aber bringe das Gebrodel
In eine Schüssel (der Poet,
Weil ihm der Reim vor allem geht,
will schlechterdings hier einen Model,
Indes der Koch auf ersterer besteht)!
Darinne drück's zusammen gut,
Und hat es über Nacht geruht,
Sollst du's durchkneten Stück für Stück
Auswellen messerrückendick.
(Je weniger Mehl du streust ein,
Um desto besser wird es sein.)
Alsdann in Formen sei's geprägt.
wie man bei Weingebacknem pflegt;
Zuletzt – das wird der Sache frommen –
Den Bäcker scharf in Pflicht genommen!
Daß sie schön gelb vom Ofen kommen!

500 g Marzipanrohmasse, 125 g Puderzucker, 1 Eiweiß, 20 g Mehl,
Zucker zum Ausstreuen

Die Marzipanrohmasse mit dem Puderzucker, dem ungeschlagenen Eiweiß und Mehl verkneten. Nun den Teig auf einem mit Zucker ausgestreuten Brett ½ cm dick ausrollen und in gut bemehlte Holzmodel drücken. Vorsichtig herausschlagen, auf ein gefettetes und bemehltes Backblech geben und über Nacht trocknen lassen. (Sollten Sie keine Brentenmodel zur Verfügung haben, können Sie den ausgerollten Teig auch in schmale Streifen schneiden.) Bei 150 °C etwa 15 Minuten abbacken. In Blechdosen aufbewahren.

Christstollen

Auch die Stollen und Striezel gehören zum weihnachtlichen Kultgebäck. Den Namen Stollen hat das Gebäck von der Form, denn es ähnelt einer Stütze, einem Pfosten. Es gibt aber auch Namensforscher, die meinen, mit dem Stollen sei das – wie man es früher mach-te – fest in Tücher gewickelte Christkind dargestellt.

Der berühmteste unter all den vielen Stollenrezepten ist der Dresdner Stollen. Das Backen dieser Köstlichkeit erfolgte mehrere Wochen vor Weihnachten. Da wurde dann ein großer Trog in die warme Küche gestellt, in dem das Mehl sich während einiger Tage erwärmen mußte. Die große Menge des Mehls war deshalb notwendig, weil man nicht einen oder zwei Stollen backte, sondern gleich so viele, daß man sie sowohl als Präsent an alle Angehörigen außerhalb Sachsens verschicken konnte, als auch für den eigenen Bedarf noch genug übrig hatte. Stollen werden um so schmackhafter, je länger sie ruhen. Der erste Stollen wurde zwar immer am Heiligen Abend zum Kaffee angeschnitten, der letzte aber – und das war der Stolz jeder Hausfrau – erst zu Ostern, wo er dann schier nach Marzipan schmeckte. Da man für so viele Stollen keinen Platz im Ofen hatte, besorgte das Abbacken dann der Bäcker.

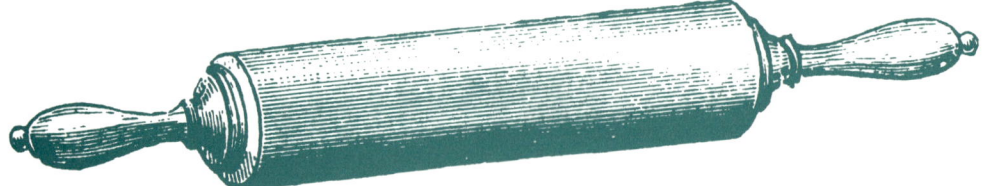

Für 2 Stollen: 1500 g Mehl, 120 g Hefe, ¼ l Milch, 125 g Zucker,
1 TL Salz, 500 g Butter, 50 g Rindertalg, abgeriebene Schale
von 2 unbehandelten Zitronen, 250 g Rosinen, 250 g Korinthen,
150 g gehackte Mandeln, 100 g Zitronat, 100 g Orangeat, 4 cl Rum
Außerdem: 125 g Butter, 100 g Zucker, 3 Päckchen Vanillezucker,
Puderzucker

Sämtliche Zutaten für den Stollen sollten am Vorabend in die warme Küche gestellt werden. Rosinen, Korinthen, Zitronat, Orangeat und Mandeln werden ebenfalls am Abend vorher in Rum getränkt und zugedeckt bereitgestellt. Am anderen Tag: Für den Hefeteig das Mehl in eine Schüssel geben. In die Mitte eine Mulde drücken und dahinein die mit etwas lauwarmer Milch (4 Eßlöffel) und 1/2 Teelöffel Zucker verrührte Hefe geben, etwas Mehl darüberstäuben und zugedeckt einige Zeit warm stellen. Die Milch mit dem Salz, dem Zucker und dem Fett lauwarm werden lassen. Bitte nur lauwarm, sonst wird der Teig zäh! Diese Flüssigkeit zum Hefestück geben und kräftig durchkneten, bis der Teig sich vom Schüsselboden löst und Blasen wirft. Nun nochmals zugedeckt warm stellen, bis der Teig sich verdoppelt hat (ca. 20–30 Minuten).
Am besten teilen Sie nun den Teig in 2 Teile und kneten die in Rum getränkten Früchte unter. Diese Stücke mit wenig Mehl so formen, daß zwei längliche Brote entstehen. Mit dem Rollholz der Länge nach, aber ganz seitlich, eine Vertiefung eindrücken. Die geformten Stollen läßt man auf einem mit Pergamentpapier ausgelegten Backblech nochmals zugedeckt ca. 20 Minuten aufgehen, bevor sie gebacken werden. Es gibt auch Stollenformen zu kaufen. Diese fetten und bemehlen! Dann den Teig halbhoch einfüllen. Den Backofen vorheizen. Die Backzeit beträgt für jeden Stollen ca. 60 Minuten bei 225 °C. Die Backtemperatur muß wegen des großen Fettgehaltes so hoch sein. Aus diesem Grunde kann dieses vorzügliche Gebäck auch nicht so hoch aufgehen wie ein normaler Hefeteig, dafür hält er sich aber auch, gut verpackt, monatelang frisch. Bevor der Stollen aus dem Ofen kommt, machen Sie eine Hölzchenprobe, ob er gar ist. Zum Ende der Backzeit die Stollen mit Folie oder Pergamentpapier abdecken, damit sie nicht zu dunkel werden. Sobald die Stollen aus dem Ofen kommen, werden sie einige Male reichlich mit zerlassener Butter bestrichen und dann erst dick mit Puderzucker, vermischt mit Vanillezucker, bestäubt.

Marzipanstollen

Eine Stange Rohmarzipan mit einbacken. Das Marzipan fast so lang wie den Stollen rollen und in den Teig einschlagen.

Mandelstollen

Statt der Früchte nur 300 g gehackte Mandeln einkneten. Der Geschmack wird noch intensiver, wenn man außerdem einige bittere Mandeln oder einige Tropfen Mandelaroma zugibt.

Quarkstollen

Statt der Hefe 2 Päckchen Backpulver als Treibmittel zugeben. Außerdem 2 Eier und 500 g Schichtkäse hineinkneten. Das „Gehen" entfällt.

Mohnstollen

Anstelle der Früchte und Nüsse eine gekochte Mohnmasse einrollen. Dazu werden $1/8$ l Milch und 125 g Zucker aufgekocht. 250 g feingemahlenen Mohn einrühren, ebenso 65 g Butter, 1 Ei, 65 g gemahlene Haselnüsse, je 50 g Zitronat und Rosinen, 1 Messerspitze Zimt. Auf den Teig streichen und aufrollen.

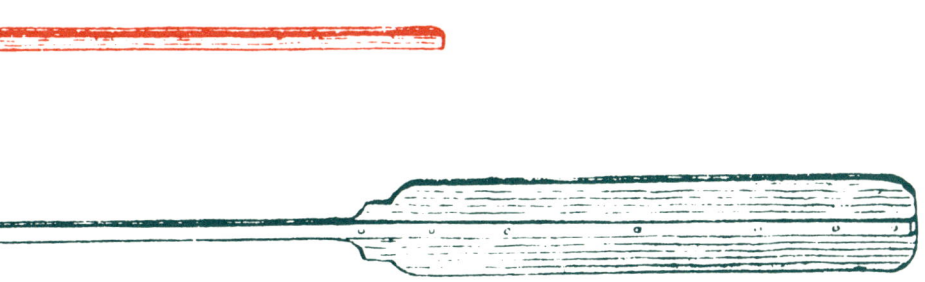

Spekulatius

Dieses Weihnachtsgebäck stammt eigentlich aus den Niederlanden, hat aber in Westfalen und Niedersachsen festen Fuß gefaßt. Spekulatius fehlen auf keinem Weihnachtsteller. Ihr Name leitet sich vom lateinischen Wort „Spekulator" ab, das heißt Aufseher, Bischof. Damit war der heilige Nikolaus gemeint. Da sein Namenstag in den Niederlanden ganz besonders gefeiert wird, werden die Gebildbrote dann auch reichlich verteilt. Man preßt den Teig in Model und backt sie auf einem Blech ab. Die Model sind längliche Holzbretter, in die Negativformen von Tieren, Menschen oder Pflanzen geschnitzt sind.

250 g Butter, 300 g Zucker, 2 Eier, ½ TL Zimt,
1 Messerspitze gemahlene Nelken,
1 Messerspitze gemahlener Kardamom, 1 Prise Salz, 500 g Mehl

Butter und Zucker schaumig rühren. Eier zugeben und cremig schlagen. Dann nach und nach alle anderen Zutaten einarbeiten. Von dem Mehl nimmt man etwa 400 g, um einen festen Knetteig zu erhalten. Den Rest des Mehls braucht man zum Ausrollen und Bestäuben des Models und des Backblechs. Den Teig über Nacht ruhen lassen. Model mit Mehl einstäuben, Teig in die Vertiefung pressen und den überstehenden Rest mit einem Messer abschaben. Die Plätzchen aus der Form schlagen und auf ein gefettetes, bemehltes Backblech legen. Wenn Sie kein Model besitzen, nehmen Sie die gängigen Formen zum Ausstechen von Plätzchen. Im vorgeheizten Backofen bei 200 °C etwa 10 Minuten abbacken.

Variante:
Mandelspekulatius. Da werden, wenn der Teig in den Modeln steckt, Mandelblättchen auf die Flächen gedrückt. Die Mandeln sind also beim Abbacken auf der Unterseite.

Striezel

Striezel ist ein schlesisches Gebäck und dem Stollen vergleichbar, aber schlichter in den Zutaten. Gebacken wurde er entweder in Stollenform oder, was verbreitet war, zu einem Zopf geflochten. Deshalb nannte man die Striezel in Nordschlesien auch „Hollenzopf", der wohl an Frau Holle und die Winterzeit erinnern sollte. Etliche Striezel wurden einige Wochen vor Weihnachten gebacken und an Freunde und Verwandte verschickt. Kurz vor Weihnachten backte man dann die Striezel für die eigene Familie. Da gab es einen großen und besonders schönen für den Vater, einen kleineren für die Mutter und je nach Alter und Größe der Kinder mehr oder weniger kleine für eben diese.

500 g Mehl, 40 g Hefe, ¼ l Milch, 125 g Butter, 100 g Zucker,
1 knapper TL Salz, 125 g Korinthen, 125 g Sultaninen, 40 g Zitronat,
40 g gehackte Mandeln, Butter, Puderzucker

Einen lockeren Hefeteig (wie S. 32 unten beschrieben) herstellen, unter den man die Korinthen, Sultaninen, das gehackte Zitronat und die Mandeln geknetet hat. Dieser Teig wird dick ausgerollt und einmal in Stollenform übergeschlagen oder zu drei Rollen geformt und zu einem Zopf geflochten. Auf ein bemehltes Blech setzen und noch einmal gehen lassen. Anschließend wird er bei 200 °C etwa 45 Minuten gebacken. Der noch heiße Striezel wird mit Butter bepinselt und mit Puderzucker bestäubt.

37

Kletzenbrot

In Bayern ranken sich um das Kletzenbrot in der Weihnachtszeit viele schöne Bräuche. Es wurde früher schon einige Tage vor dem Thomastag (21. Dez.), und nur dann, gebacken. Da versammelten sich alle Familienmitglieder um den blankgescheuerten Küchentisch und schnitten die Kletzen (gedörrtes Obst) in kleine Stücke. Dabei ging es natürlich lustig zu, viele Geschichten und Erzählungen begleiteten die Arbeit. Wenn das Schneiden beendet war, mußte die Großmagd den Teig kneten. Aufgrund eines alten Brauchs ging sie zwischendurch in den Garten, schüttelte mit den bemehlten Händen die Zwetschgen- und Birnenbäume und bat um viel gutes Obst für den kommenden Sommer.

Es wurden natürlich gleich mehrere Brote gebacken und außerdem viele kleine Laibl und Gebildbrote, die Kletzenbrothansl. Bevor die Brote in den Ofen kamen, segnete die Bäuerin sie. Die abgebackenen Brote wurden bis zu den Festtagen aufbewahrt. Eines der großen Brote nahm der Bauer mit zur Christmette und ließ es dort weihen.
Jede Magd und jede Haustochter bekam zum Fest von der Bäuerin einen kleinen Laib geschenkt. Auch die Patenkinder erhielten solch einen Kletzenwecken.
Der erste Anschnitt der Brote war gewöhnlich auf „Stefani". Diesen Anschnitt, das Scherzl, verehrte das Mädchen seinem Liebsten, der vor dem Küchenfenster wartete. Dabei mußte der Anschnitt eine glatte Schnittfläche aufweisen, damit die Liebe auch Bestand habe. War der Freier unerwünscht, überreichte man ihm ein in Papier eingewickeltes Torfstück oder nur Brotbrösel. Derjenige aber, der das Scherzl erhielt, führte sein Mädchen bei

nächster Gelegenheit zum Tanz aus. Das große, geweihte Familienbrot aber wurde als letztes erst am Dreikönigstag angeschnitten. Das besorgte der Bauer vor versammelter Familie, um anzudeuten, wie sehr man in Zukunft zusammenzuhalten habe. Ein schöner Brauch! Heute wird das Kletzenbrot, das man beim Bäcker kaufen kann, mit Rosinen und Feigen und anderen Früchten angereichert.

Tn manchen Orten wird nur die Hälfte des Brotteigs mit den Kletzen verknetet und dann in die restliche Hälfte, wie in einen Mantel, gewickelt.

100 g Dörrbirnen, 100 g Dörrzwetschgen, je 50 g getrocknete Feigen,
Rosinen, Aprikosen und Äpfel, Saft und Schale von 1/2 unbehandelten
Zitrone, 1 Päckchen Lebkuchengewürz, 100 g Zucker,
500 g frischer Brotteig (vom Bäcker), 2 EL Honig, 1 EL Wasser

Das Obst kleinschneiden und mit dem Zitronensaft und der abgeriebenen Schale sowie dem Gewürz und dem Zucker vermengen. Die Hälfte des Brotteigs damit verkneten. Die andere Hälfte ausrollen. Die Masse darin einrollen. Die Oberfläche mit erwärmtem Honigwasser bestreichen. Das Brot gehen lassen und bei mittlerer Hitze in etwa 1 Stunde goldbraun abbacken. Das noch heiße Brot wiederum mit Honigwasser bestreichen und mit Rosinen, Mandeln und Zwetschgenstreifen verzieren. Das Ankleben erfolgt mit Hilfe von Zuckerguß.

Ein bunter Teller voller Plätzchen

Neben Äpfeln, Nüssen und Orangen, neben Pfefferkuchen, Lebkuchen und Eierzucker hat sich im Laufe der Zeit auch anderes Kleingebäck einen festen Platz auf dem Weihnachtsteller erobert. Somit kann man ihn zu Recht als „bunten Teller" bezeichnen. Ein schöner alter Brauch ist es übrigens, Buttergebäck etwas dicker auszurollen, die ausgestochenen Plätzchen mit einem Loch zu versehen und mit einem hübschen Band an den Weihnachtsbaum zu hängen. Das gleiche gilt für Lebkuchen. Da man früher nicht viel Geld für Weihnachtsschmuck ausgab, hängte man Äpfel, Plätzchen und Ketten aus Nüssen an den Baum. Geplündert werden durfte der Baum aber erst am Dreikönigstag. Doch wer hielt das schon so lange aus? Oft genug waren schon vorher kleine „Diebe" dagewesen. Reihen wir die Plätzchen alphabetisch von A (Anisplätzchen) bis Z (Zimtstern) ein.

Doch zuvor noch einige Tips, die Ihnen das Backen erleichtern:

✦ Wenn Ihr Gebäck besonders gut schmecken soll, verwenden Sie Butter, keine Margarine. Die Butter muß weich sein, damit man sie verkneten kann.

✦ Sollte der Teig beim Ausrollen kleben, dann arbeiten Sie bitte nicht zusätzlich noch Mehl ein, sondern stellen ihn lieber abgedeckt für einige Stunden oder über Nacht in den Kühlschrank.

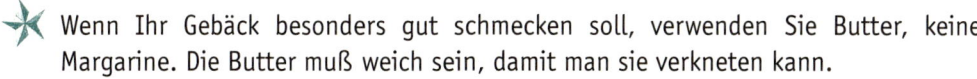

✳ Formen Sie die Plätzchen so klein wie möglich (mundgerecht). Das gibt ihnen ein eleganteres Aussehen, und außerdem sind sie handlicher im Verzehr.

✳ Die Gebäckstücke sollten obenauf keine Mehlspuren vom Ausrollen und Ausstechen aufweisen. Sie machen das Gebäck unansehnlich und für einen eventuellen Guß schwierig. Mit einem trockenen Backpinsel fegt man das überschüssige Mehl ab.

✳ Legen Sie Ihr Backblech mit Backpapier aus. Das ist sauberer und einfacher, als das Blech zu fetten und zu bemehlen. Das Papier reicht für mehrere Backvorgänge. Wenn es braun und brüchig wird, entfernen Sie es zugunsten eines neuen Stücks.

✳ Den Ofen immer vorheizen. Die Temperatur richtet sich nach der Gebäckart. Wenn nicht anders angegeben, schieben Sie das Blech auf die mittlere Schiene.

✳ Alle Plätzchen nach dem Backen nebeneinander auf einem Kuchendraht auskühlen lassen. Erst dann glasieren und in Dosen packen.

✳ Die Plätzchen in festschließenden Dosen aufbewahren. Lebkuchen werden weich, wenn man die Dose einige Stunden vor dem Servieren öffnet. Plätzchen mit Guß sollten lagenweise mit Folie voneinander getrennt werden. Stark gewürzte Plätzchen möglichst gesondert lagern, damit sich Geruch und Geschmack nicht auf die anderen Gebäckstücke übertragen.

Anisplätzchen

4 Eigelb, 250 g Zucker, 2 Päckchen Vanillezucker, 1 Messerspitze Salz,
2 EL gestoßener Anis, 4 Eiweiß, 300 g Mehl

Eigelb mit dem Zucker und Vanillezucker schaumig rühren. Das Salz und den Anis dabei einrieseln lassen. Zum Schluß die Eiweiß steif schlagen, auf die Eischaummasse geben, das Mehl darübersieben und beides locker unterheben. Kleine Häufchen auf ein Backblech setzen. Über Nacht stehen lassen, damit sie ein „Füßchen" bekommen und erst dann bei 180–200 °C etwa 20–25 Minuten backen. Die Plätzchen sollen nur ganz leicht Farbe annehmen. Kühl lagern. Damit sie etwas weicher werden, die Dose nicht sofort verschließen.

Aprikosen-Marzipan-Herzen

50 g getrocknete Aprikosen, 200 g Marzipanrohmasse, 200 g Mehl,
100 g Zucker, abgeriebene Schale von 1 unbehandelten Zitrone,
100 g Butter, 1 Ei
Außerdem: 150 g Aprikosenkonfitüre, Puderzucker

Die Aprikosen sehr fein hacken und mit Marzipanrohmasse, Mehl, Zucker, Zitronenschale, Fett und dem Ei zu einem glatten Teig verkneten. 30 Minuten ruhen lassen. Dann auf einer bemehlten Arbeitsfläche ca. 3 mm dick ausrollen und Herzen ausstechen. Die Hälfte der

Herzen in der Mitte mit einer kleineren Herzform ausstechen. Teigreste nochmals verkneten und ausrollen. Weitere Herzen ausstechen. Dann auf ein mit Backpapier belegtes Backblech legen und 12 Minuten bei 175 °C backen lassen. Konfitüre in einem Topf erhitzen. Die ausgekühlten Herzen damit bepinseln, die Herzränder mit Puderzucker bestäuben und auf die bestrichenen Herzen setzen.

Bärentatzen

500 g Butter, 350 g Zucker, 2 Päckchen Vanillezucker,
2 Eier, 350 g Mehl, 350 g Speisestärke,
150 g abgezogene, gemahlene Mandeln
Außerdem: Aprikosenmarmelade, Schokoladenglasur (Fertigprodukt)

Aus den Zutaten einen weichen Teig rühren, diesen in einen Spritzbeutel mit gezackter Tülle füllen und kleine Tatzen auf das Blech spritzen. Im Handel gibt es auch Tatzenformen zu kaufen. Diese ausbuttern und mit Zucker ausstreuen. Den Teig hineinpressen und vorsichtig herausschlagen. Bei 175–200 °C hell abbacken. Nach dem Auskühlen jeweils 2 Tatzen mit Marmelade zusammensetzen. Die Enden in Glasur tauchen.

Tip:
Sie können statt der Marmelade auch Schokoladenguß zum Zusammensetzen nehmen. Gut durchkühlen.

Basler Herzen

2 Eiweiß, 250 g Zucker, 1 Päckchen Vanillezucker, 1 Prise Salz,
1 EL zerlassene, wieder abgekühlte Butter, 1 gut gehäufter EL Kakao,
2 TL Zimt, ½ TL gemahlene Nelken, ½ Fläschchen Rum-Aroma,
250 g gemahlene Mandeln (mit Schale), ½ TL Backpulver
Außerdem: Zuckerglasur (Rezept S. 46)

Eiweiß mit Zucker, Vanillezucker und Salz zu steifem Schnee schlagen. Das Fett, den Kakao und die Gewürze zugeben. Mandeln und Backpulver mischen und in den Teig arbeiten, so daß er fest wird. Diesen Teig vorsichtig auf bemehlter Unterlage 1 cm dick ausrollen und Herzen ausstechen. Die Oberseite mit einem Messerrücken diagonal mehrere Male einkerben. Bei 180 °C 15 Minuten backen. Noch heiß mit Zuckerglasur bestreichen.

Basler Leckerli

Die Herkunft dieses Gebäcks läßt sich bis weit ins Mittelalter zurückverfolgen. Während die einfachen Lebkuchen der Allgemeinheit vorbehalten waren, wurden die Leckerli den hohen Herrschaften bei besonderen Anlässen präsentiert, so z.B. zum Basler Konzil (1431–1449). Früher ausschließlich mit Honig gebacken, nimmt man heute $2/3$ Honig und $1/3$ Zucker.

Und wenn Sie das Gebäck an Weihnachten Gästen anbieten, dann tun Sie es auf Basler Art mit einem Glas „Hypokras", einem Gewürzwein, der, heiß getrunken, wohlig den Magen wärmt.

500 g Bienenhonig, 250 g Zucker, 2 EL Zimt, 1 Prise Nelkenpulver, etwas geriebene Muskatnuß, 125 g Mandeln, 125 g Haselnüsse, 100 g Orangeat, 100 g Zitronat, 700 g Mehl, 2 Messerspitzen (ca. 15 g) Pottasche, 2 Gläschen Kirschwasser
Glasur: 150 g Zucker, 100 ml Wasser

Den Honig mit dem Zucker in einem Topf erwärmen und mit dem Zimt, Nelken- und Muskatpulver zusammen aufkochen. Die Mandeln und die Haselnüsse grob hacken. Orangeat und Zitronat mit den Nüssen in die Honigmischung geben. Abkühlen lassen. Nach und nach $2/3$ des Mehls und die Pottasche dazusieben. Das Kirschwasser ebenfalls zugeben. Das restliche Mehl auf ein Brett sieben. Die Teigmasse auf das Mehl geben und rasch zusammenkneten.

Die Teigmenge reicht für 2 rechteckige Bleche. Deshalb entsprechend ausrollen und darauf verteilen. Über Nacht ruhen lassen. Im vorgeheizten Backofen 15–20 Minuten bei 175 °C backen. Sofort nach dem Herausnehmen tief mit einem spitzen Messer zu rechteckigen Leckerli ein-, aber nicht durchschneiden. Vom Blech nehmen. Mit heißer Glasur, aus Zucker und Wasser gekocht, bestreichen. Dann erst die Leckerli ganz auseinanderschneiden und trocknen lassen.

Berliner Brot

125 g Butter, 2 Eier, 125 g brauner Zucker, 1/2 Päckchen Backpulver,
250 g Mehl, 2 EL Kakao oder 75 g geriebene Schokolade, 1 TL Zimt,
Rumaroma, je 1/2 TL Kardamom und Nelken, 125 g Mandeln,
1 Eiweiß zum Bestreichen
Außerdem: Zuckerglasur (Rezept S. 46)

Butter, Eier und Zucker schaumig rühren. Backpulver, Mehl, Kakao und die Gewürze unterheben. Die Mandeln ungeschält in Stücke oder Scheiben schneiden und dazugeben. Die Masse wird fingerdick auf ein Backblech gestrichen, mit Eiweiß bepinselt und bei mäßiger Hitze 45–60 Minuten gebacken. Abgekühlt, aber noch warm mit Zuckerguß bestreichen und in fingerlange, 1–2 cm dicke Streifen schneiden. Aneinander liegen lassen, bis sie ganz ausgekühlt sind. Berliner Brot muß einige Tage lagern, erst dann schmeckt es richtig gut. Meine Mutter mischte noch 65 g Apfelkraut in den Teig.

Brezelchen

250 g Butter, 125 g Zucker (Feinste Körnung oder Puderzucker),
3 Eigelb, einige Tropfen Butter-Vanille-Aroma, 500 g Mehl
Glasur: 125 g Puderzucker, etwas Rum oder frischer Orangensaft

Alle Teigzutaten schnell verkneten und 1 Stunde in den Kühlschrank stellen. Zu schmalen Rollen formen. Scheiben davon abschneiden und diese dünn ausrollen. Zu Brezelchen formen und bei 175–200 °C goldgelb abbacken. Ausgekühlt mit Glasur überziehen.

Buttergebäck oder Mailänderli

„Die Engel im Himmel backen Plätzchen", so sagen wir angesichts eines rotglühenden Abendhimmels in der Vorweihnachtszeit. Die Kinder betrachten ihn staunend, und es bedarf keiner Überredungskünste, um sie aktiv an den Backvorbereitungen zu beteiligen. Bereiten Sie den Teig zu und rollen Sie ihn aus. Das Ausstechen der Formen mit schönen weihnachtlichen Motiven, das Bemalen und Dekorieren der Plätzchen besorgen Ihre Kinder sicherlich mit viel Phantasie und Begeisterung.

*500 g Mehl, 250 g Butter, 250 g Zucker, 2 Eier,
abgeriebene Schale von 1 unbehandelten Zitrone,
eventuell einige Tropfen Butter-Vanille-Aroma
Zum Verzieren: Puderzucker, Orangen- oder Zitronensaft,
rote und grüne Lebensmittelfarben, Liebesperlen, Mandeln,
Schokostreusel oder Kuvertüre*

Aus den oben genannten Zutaten einen Teig kneten. Diesen 2 Stunden im Kühlschrank ruhen lassen, dann dünn ausrollen und mit verschiedenen Förmchen zu Herzen, Sternen und Tannenbäumchen ausstechen. Bei 175 °C hell ab-backen. Ausgekühlt mit Glasur bestreichen. Für die Glasur rührt man soviel Zitronensaft in den Puderzucker, daß er dick streichfähig ist. Die übrigen Schmuckzutaten in den noch weichen Guß drücken. Natürlich können Sie ebenso mit weicher Kuvertüre statt mit Zuckerguß verzieren.

Conditortütchen

Diese Tütchen kennt man mancherorts als Zuckerbäckertütchen. Die Zuckerbäcker des Mittelalters hatten – wie jede Zunft – ihre eigene Tracht. Unter anderem trugen sie am Gürtel rundum viele spitze, tütenförmige Taschen, die mit allerlei süßem Naschwerk gefüllt waren. Wohl daher, und weil in diese Tütchen so viele köstliche Dinge mit einge-backen werden, erhielten sie ihren Namen.

*Teig: 250 g Mehl, 150 g Butter, 125 g Zucker, 1 Eigelb,
1 EL saure Sahne, abgeriebene Schale von 1 unbehandelten Zitrone
Füllung: 50 g Rohmarzipan, Trockenobst: je 50 g Kurpflaumen ohne
Stein, Apfel- und Aprikosenringe, Birnen; 1 TL Zimt, je 1 EL Orangeat
und Zitronat, je 50 g gehackte Mandeln und Haselnüsse, 2 EL Rosinen,
einige Löffel Preiselbeerkompott und Sahne
Zum Bestreichen: 1 Eigelb, 1 Eiweiß*

Aus den Zutaten einen Knetteig herstellen und diesen 1 Stunde kühl stellen. Inzwischen das Marzipan und die Trockenfrüchte in feinste Würfel schneiden. Mit dem Zimt, Orangeat und Zitronat, den Mandeln, Nüssen und Rosinen mischen. Soviel Kompott und Sahne zugeben, daß die Masse gut abbindet, aber nicht zu „naß" ist. Den Teig ausrollen. Runde Plätzchen ausstechen, jeweils etwas Füllung auflegen und zu Tüten zusammenrollen. Damit die Tütchen besser haften, bestreicht man sie an den Klebestellen mit verschlagenem Eiweiß und drückt sie fest an. Mit Eigelb bestreichen und goldbraun abbacken.

Dominosteine

*Teig: 125 g Butter, 100 g Zucker, 1 Päckchen Vanillezucker, 2 Eier,
150 g Mehl, 50 g Speisestärke, 1 Päckchen Backpulver, abgeriebene
Schale von 1 unbehandelten Orange, 50 g Mandeln,
3 TL schwach entölter Kakao, 4 EL Milch*

Füllung I: ½ Glas Johannisbeergelee oder -marmelade
Füllung II: 200 g Marzipanrohmasse, 2 TL Rum, 100 g Puderzucker
Außerdem: 500 g dunkle Schokoladenglasur (Fertigprodukt),
2 EL Puderzucker, einige Tropfen Zitronensaft

Aus den Zutaten (außer Kakao) einen weichen, lockeren Teig rühren und in 2 Hälften teilen. Die eine Hälfte mit dem Kakao mischen. Den hellen Teig auf ein mit Backpapier ausgelegtes Blech streichen. Das Papier an der offenen Blechseite hochknicken. Den dunklen Teig auf ein zweites Blech streichen. Beide Bleche bei 200 °C etwa 10 Minuten backen. Auskühlen lassen. Das Gelee erwärmen, damit es flüssig wird. Die Hälfte auf den hellen Teig streichen. Marzipan mit Rum und etwas Puderzucker verkneten. Auf dem restlichen Puderzucker ausrollen. Auf die erste Geleeschicht legen und wieder mit Gelee bestreichen. Die dunkle Teigplatte auflegen und leicht andrücken. Das Gebäck in Rechtecke von ca. 2,5 x 5 cm schneiden.

Die Schokoladenglasur im Wasserbad erwärmen. Die Dominosteine damit überziehen. Etwas Schokoguß in eine spitze Pergamenttüte füllen, eine kleine Spitze abschneiden und mit einem dünnen Streifen die Rechtecke in 2 Quadrate unterteilen. Den Puderzucker mit dem Zitronensaft zu einem dicken Guß verrühren. Auch diesen in eine spitze Tüte füllen und Würfel-Punkte auf die kleinen Quadrate spritzen.

Englische Ingwerschnitten

*200 g Mehl, 1 TL Backpulver, 100 g Zucker, 100 g Butter, 100 g Honig,
100 g Orangeat, abgeriebene Schale von 1 unbehandelten Orange,
2 kleingehackte kandierte Ingwerpflaumen, 1 TL Ingwerpulver,
1 Messerspitze Zimt, 1 Messerspitze Salz, 2 Eier*

Aus den Zutaten mit Ausnahme des Honigs einen Knetteig herstellen und dick ausrollen. Auf ein gefettetes Blech legen, mit erwärmtem Honig bestreichen und in den vorgeheizten Ofen schieben. Erst 10 Minuten bei 220 °C backen, dann ausschalten und das Gebäck 15 Minuten ruhen lassen. Dabei den Ofen nicht öffnen. Die erkaltete Platte in 1 cm breite und 4–5 cm lange Streifen schneiden.

Florentiner Mürbchen

*Teig: s. Buttergebäck (Rezept S. 48)
Belag: 40 g Butter, 200 g Zucker oder Honig, 1 TL Vanillezucker,
200 g Mandelstifte, 1 TL Zimt, abgeriebene Schale von
1 unbehandelten Orange, 2 EL Sahne,
dunkle Schokoladenglasur (Fertigprodukt)*

Aus den angegebenen Zutaten einen Mürbeteig kneten. Diesen 2 Stunden im Kühlschrank ruhen lassen. In dieser Zeit den Belag herstellen. Butter, Zucker oder Honig und Vanillezucker schmelzen. Die Mandelstifte, den Zimt und die Orangenschale hineinmengen. Mit der Sahne leicht binden. Den Teig nicht zu dünn ausrollen und kleine runde Plätzchen ausstechen. Diese auf ein beschichtetes Backblech legen. Von der Mandelmasse kleine Häufchen abstechen und bergartig auf die Plätzchen setzen. Etwas flachdrücken. Bei 200 °C im vorgeheizten Ofen 10–15 Minuten backen. Danach auf dem Blech auskühlen lassen. Die Schokoladenglasur im Wasserbad schmelzen. Die Unterseite der Plätzchen damit bestreichen, eventuell die Mandelmasse mit Kuvertürefäden garnieren. Dazu die flüssige Kuvertüre in eine spitze Pergamenttüte füllen und eine kleine Spitze abschneiden. So lassen sich am besten „Fäden" ziehen. In gut schließenden Dosen aufbewahren.

Friesenkekse

500 g Mehl, 250 g Butter, 150 g Zucker (feinste Körnung),
einige Tropfen Butter-Vanille-Aroma, 2 Eier, Hagelzucker

Aus Mehl, Butter, Zucker, Aroma und den Eiern schnell einen weichen Teig kneten, zu 2–3 cm dicken Rollen formen und diese durch Hagelzucker rollen. Den Teig 1 Stunde durchkühlen. Scheiben davon abschneiden. Bei 175 °C hell abbacken.

Gewürzschnitten

125 g Butter, 1 Ei, 75 g Zucker, je 1 Prise gemahlene Nelken,
Zimt und Muskatnuß, abgeriebene Schale von 1 unbehandelten Zitrone,
125 g Mehl, 100 g geriebene Mandeln, 60 g Zwiebackmehl
(fein zerstoßene Zwiebäcke)
Zum Verzieren: Glasuren und Dekoration wie bei Buttergebäck
(Rezept S. 48)

Die Zutaten zu einem Mürbeteig verkneten und dünn ausrollen. In 2 cm breite und 8 cm lange Streifen schneiden. Diese Schnitten bei 200 °C braun abbacken. Verzieren wie Buttergebäck.

Herrenhuter Herzen

400 g Mehl, 250 g Butter, 2 Eier, 200 g Zucker
Glasur: 250 g Puderzucker, 2 Päckchen Vanillezucker,
2 EL Zitronensaft, 1 TL roter Einmachzucker
(ersatzweise roter Fruchtsaft mit Puderzucker),
einige abgezogene Mandeln

Die Zutaten zu einem glatten Teig kneten und im Kühlschrank 2 Stunden ruhen lassen. Danach 1/2 cm dick ausrollen. Mit Herzchenformen kleine Plätzchen ausstechen. Auf ein Blech legen und 15 Minuten bei 200 °C goldgelb abbacken. Aus Puderzucker, Vanillezucker und Zitronensaft einen dicken Brei rühren. Jedes Plätzchen zur Hälfte damit bestreichen. In den restlichen Guß roten Einmachzucker rühren und die zweite Hälfte der Oberseite damit bestreichen. In den noch feuchten Guß je eine halbe Mandel drücken.

Ischler Plätzchen

500 g Mehl, 1 Päckchen Backpulver, 250 g Zucker, 250 g Butter,
2 Päckchen Vanillezucker oder einige Tropfen Vanille-Aroma,
1 Prise Salz, 2 Eier
Außerdem: 1 Glas Aprikosen-(Marillen-)Marmelade, Puderzucker

Einen Knetteig bereiten und diesen 2 Stunden kühl stellen. Dann dünn ausrollen. Zu runden Plätzchen ausstechen. Die Hälfte dieser Plätzchen wiederum mit einer kleineren Form zu Ringen ausstechen. Bei 200 °C hellbraun (bitte nicht zu dunkel!) abbacken. Die vollen Plätzchen noch warm mit verrührter Marmelade bestreichen. Die Ringe schnell mit Puderzucker bestäuben und auf das Marmeladengebäck setzen. Gut auskühlen lassen. Wenn Sie die Plätzchen in Dosen füllen, würde ich Ihnen raten, zwischen jede Lage etwas Folie zu legen, damit der Puderzucker und die Marmelade nicht verkleben.

Variante:
Wenn Sie lieber rote „Augen" in den Plätzchen mögen, dann füllen Sie sie mit entsprechendem Gelee.

Kokosplätzchen

1 Tasse Mehl, 1 Päckchen Backpulver, 3 Tassen Kokosflocken,
1 Tasse Haferflocken (z.B. blütenzarte Köllnflocken), 2 Tassen Zucker,
2 Päckchen Vanillezucker, 2 Eier, 140 g Butter, 2–3 EL Wasser

Zum besseren Gelingen der Plätzchen sind ein paar Worte vorweg nötig: Die Festigkeit der Plätzchen richtet sich nach der Wassermenge. Je mehr Wasser Sie einarbeiten, desto weiter laufen die Plätzchen beim Backen auseinander. Sie sind dann aber auch besonders dünn und zart. Deshalb backen Sie am besten ein Plätzchen vor, um zu sehen, in welchem Abstand Sie die Teighäufchen auf das Blech setzen müssen, damit sie nicht aneinander backen.

Das Mehl mit dem Backpulver vermischen. Danach alle Zutaten miteinander verrühren. Kleine Häufchen auf ein Blech setzen und bei 200 °C etwa 10 Minuten backen. Die Plätzchen sind gut, wenn sie einmal „blubb" gemacht haben.
Also Achtung! Ausgekühlt in Dosen legen. Sie bleiben lange Zeit frisch und kroß.

Makrönchen

Vielfältig sind die Rezepte für Makronen: aus Eischnee, mit Nüssen, Mandeln, Kakao oder Kokosflocken, auf Oblaten gesetzt oder auch auf Mürbeteig! Faustregel für diese Art Makrönchen ist: pro Eiweiß 50 g Zucker. Dann wird der Schnee schön steif und glänzend. Hier mein etwas unübliches Lieblingsrezept. So backte meine Mutter „ihre" Makrönchen:

125 g Zucker, 1 Päckchen Vanillezucker, 60 g Butter, 1 Ei,
einige Tropfen Rum-Aroma und Bittermandelöl, 125 g Mehl,
2 TL Backpulver, 1 EL Milch, 250 g Kokosraspeln

Alle Zutaten zu einem geschmeidigen Teig verrühren. Mit 2 Teelöffeln kleine Häufchen nicht zu dicht auf ein Backblech setzen und bei 200 °C im vorgeheizten Ofen etwa 10 Minuten hellbraun abbacken.

 Mandelmakronen

30 Oblaten von 6 cm Durchmesser, 3 EL Milch,
200 g abgezogene, gemahlene Mandeln, 200 g Zucker,
2 Päckchen Vanillezucker, 2 Eiweiß, Hagelzucker zum Bestreuen

Wenn Sie kleinere Plätzchen wünschen, müssen Sie entsprechend mehr Oblaten einrechnen.
Die Milch mit den Mandeln und dem Zucker so lange unter ständigem Rühren erwärmen, bis der Zucker geschmolzen ist. Nicht zum Kochen bringen! Danach auskühlen lassen. Die Eiweiß zu steifem Schnee schlagen und eßlöffelweise unter die erkaltete Masse heben. Mit 2 Teelöffeln kleine Häufchen auf die Oblaten setzen, mit Hagelzucker bestreuen und bei 175 °C etwa 20 Minuten backen. Auf dem Blech abkühlen lassen.
Es sieht hübsch aus, wenn Sie vor dem Backen in die Teigmitte eine kleine Delle drücken und Johannisbeermarmelade einfüllen.

Mandelbrötchen

*250 g Butter, 120 g Puderzucker, 100 g Marzipanrohmasse, 1 Ei,
100 g gemahlene Mandeln, 175 g Mehl, 175 g Speisestärke,
Puderzucker zum Bestreuen*

Alle Zutaten zu einem weichen Teig verkneten. 2 Stunden in den Kühlschrank stellen. Danach 2 cm dicke Rollen aus dem Teig formen. Etwa 2 cm dicke Scheiben abschneiden. Jede Scheibe zu einer Kugel formen und etwas flachdrücken. Mit einer Gabel Rillen ziehen oder halbierte Mandeln eindrücken. Im Ofen bei 200 °C sehr hell abbacken. Danach mit Puderzucker bestäuben.

Marzipangebäck

*50 g Butter, 250 g Marzipanrohmasse, 150 g Puderzucker, 3 EL Sahne,
3 Eiweiß, 100 g Mehl
Zum Bestreuen: gehackte Pistazien, Mandeln oder Hagelzucker*

Die Butter schmelzen und wieder abkühlen lassen. Marzipan, Zucker und Sahne verrühren. Die Eiweiß nach und nach dazugeben und so lange rühren, bis ein glatter Teig entsteht. Das Mehl und die ausgekühlte, aber noch flüssige Butter einarbeiten. Kleine Häufchen auf ein Backblech setzen, etwas flachdrücken. Mit Pistazien, Mandeln oder Hagelzucker bestreuen. Bei 200 °C 10 Minuten backen.

Tip:
Man kann jeweils 2 Plätzchen mit etwas Nougat oder Schokoguß zusammensetzen.

Marzipanstangen und -kränze

250 g Marzipanrohmasse, 200 g Butter, 125 g Zucker,
1 Päckchen Vanillezucker, 1 Ei, einige Tropfen Zitronenaroma
oder ½ TL abgeriebene Zitronenschale (unbehandelt),
250 g Mehl, 100 g Speisestärke
Außerdem: Schokoladenglasur (Fertigprodukt)

Die Marzipanrohmasse mit den übrigen Zutaten zu einem geschmeidigen Teig rühren. Diesen in eine Spritztülle geben und damit 5–6 cm lange Stangen oder kleine Kränze auf ein Blech spritzen. Hellgelb bei 200 °C etwa 10 Minuten backen. Abkühlen lassen.
Die Enden oder eine Hälfte der Stangen oder Kränze kurz in Schokoladenglasur tauchen.

Nußplätzchen

*250 g Mehl, 125 g Butter, 65 g Zucker, 1 Ei, abgeriebene Schale von
1 unbehandelten Zitrone, 2 EL geriebene Nüsse
Belag: ½ Glas Orangenmarmelade, 50 g Butter, 125 g Zucker,
1 Päckchen Vanillezucker, 3 EL Wasser, 100 g gehackte Mandeln,
150 g gemahlene Nüsse
Außerdem: 1 Töpfchen Schokoladenglasur (Fertigprodukt)*

Einen Knetteig herstellen, dünn ausrollen und runde Plätzchen ausstechen. Auf ein gefettetes Blech legen und mit Marmelade bestreichen. Für den Belag die Butter leicht schmelzen und die übrigen Zutaten einrühren. Von dieser Masse jeweils einen Teelöffel bergartig auf jedes Plätzchen geben und diese im vorgeheizten Ofen in 15 Minuten bei 225 °C abbacken. Abgekühlt mit aufgelöster Schokoladenglasur bestreichen.

Nußtaler

*375 g Mehl, 125 g Speisestärke, 1 Päckchen Backpulver, 250 g Zucker,
1 Päckchen Vanillezucker, 2 Eier, 250 g grob gehackte Nüsse,
einige Tropfen Bittermandel-Aroma, 250 g Butter, Hagelzucker*

Alle Zutaten gut verkneten und zu einer 2–3 cm dicken Rolle formen. Diese in Hagelzucker wälzen und kalt stellen. Danach von der Rolle ½ cm dicke Scheiben (Taler) abschneiden und auf das Backblech legen. Das Schneiden klappt am besten mit einem elektrischen Messer. Sollten die Nüsse beim Schneiden trotzdem sperrig sein und den Teig aufreißen, so preßt man ihn wieder zusammen.

Backzeit bei 200 °C etwa 10–15 Minuten. Die Taler sollten noch gelblich sein, also bitte nicht zu braun backen.

Rahmkränze

250 g Mehl, 150 g Butter, ⅛ l saure Sahne, 1 Prise Salz
Außerdem: Eigelb zum Bestreichen, Hagelzucker,
Zimt und gehackte Mandeln

Mehl, Butter und Sahne schnell zu einem Knetteig verarbeiten. Den Teig dünn ausrollen und zu Kränzen ausstechen. Diese mit Eigelb bepinseln, mit Zimt, Zucker und gehackten Mandeln bestreuen und bei 160–175 °C goldgelb backen. Die Kränze erhalten durch den Rahm eine blätterteigähnliche Struktur; ohne Hagelzucker sind sie ein ideales Diabetikergebäck.

 Sandgebäck

200 g Butter, 80 g Puderzucker, 20 g Vanillezucker,
4 Eigelb, 225 g Mehl
Glasur: dunkle Schokoladenkuvertüre

Butter und Zucker schaumig schlagen. Nach und nach die Eigelb unterrühren. Zum Schluß das Mehl einarbeiten.
Den Backofen vorheizen. 2 Bleche mit Butterbrotpapier auslegen (kein Backpapier verwenden, da das Gebäck dann beim Backen auseinanderläuft).
Den Teig in einen Spritzbeutel mit weiter Tülle füllen und Halbmonde, Kringel und S-Formen auf das Blech spritzen. 10–15 Minuten Backzeit bei 160 °C. Das Gebäck soll nur gelb-braun gebacken werden. Auf einem Kuchendraht auskühlen lassen. Wer mag, taucht die Enden in flüssige Schokoladenglasur.

 Schokoladenringe

250 g Mehl, 125 g Butter, 125 g Zucker, 50 g Kakao, 1 Ei,
je 1 Prise Zimt und Salz, 1 TL Backpulver, Aprikosenmarmelade
Außerdem: Schokoladenglasur (Fertigprodukt),
geriebene oder gehackte Haselnüsse

Alle Zutaten gut verkneten. Aus dem Teig gleichmäßig große Ringe ausstechen und bei 175–200 °C 12 Minuten abbacken. Nicht zu dunkel werden lassen. Je zwei Ringe mit

Aprikosenmarmelade zusammensetzen und mit der Glasur überziehen. Wenn der Guß etwas angetrocknet ist, geriebene oder gehackte Nüsse darüberstreuen.

Schwarz-Weiß-Gebäck

250 g Mehl, 150 g Zucker, 1 Päckchen Vanillezucker,
150 g Butter, 1 Ei, 20 g dunkler Kakao, 1 EL Milch,
1 EL Zucker, 1 Eiweiß

Aus Mehl, Zucker, Butter und Ei einen Knetteig herstellen und ihn teilen. In die eine Hälfte den Kakao und die Milch einarbeiten. Den Teig kühl stellen.
Für Plätzchen im Schachbrettmuster formt man aus beiden Teigarten je 2 gleich lange und dicke viereckige Stangen. Das erreicht man am besten, wenn man sie zwischen 2 Holzleisten legt und dann ausrollt. Aus einem Rest Teig rollt man eine Platte zum Einwickeln aus. Die vier Stangen werden mit verschlagenem Eiweiß bepinselt und schachbrettartig zusammengesetzt. Mit der ausgerollten Teigplatte umwickeln. In den Kühlschrank stellen. Für Plätzchen im Spiralmuster rollt man beide Teigsorten aus, bestreicht sie mit Eiweiß und legt sie aufeinander. Danach rollt man sie von der Längsseite auf. Ebenfalls gut durchkühlen.

Man kann den Teig aber auch so zusammensetzen: Von ²/₃ des Teiges Rollen formen. Den übrigen Teig flach ausrollen. Die Stangen bestreichen und jeweils in eine konträre Platte wickeln. Kühlen.

Dunkle und helle Teigreste zusammenkneten, bis ein marmorartiges Muster entstanden ist, zu einer Rolle formen und kühlen.

Das Gebäck in ¹/₂ cm dicke Scheiben schneiden, auf ein Blech legen und bei 180 °C etwa 12–15 Minuten backen.

Schweizer Nußtaler

250 g Butter, 100 g gehackte Nüsse, 125 g Puderzucker,
2 TL Vanillezucker, 3 Eigelb, 375 g Mehl, 125 g Speisestärke

Die Hälfte der Butter in einer Pfanne zerlassen. Die gehackten Nüsse darin rösten. Zum Auskühlen beiseite stellen. Die restliche Butter mit dem Zucker schaumig rühren. Nach und nach die Eigelb unterrühren. Mehl und Stärke mischen und die ausgekühlte Butter-Nuss-Mischung einarbeiten, bis ein geschmeidiger Teig entsteht. 2 Stunden kühl stellen. Dann zu Rollen formen oder zu ¹/₂ cm dicken Platten ausrollen. Von den Rollen ¹/₂ cm dicke Scheiben abschneiden. Aus der Teig-Platte mit verschieden großen, runden Förmchen Plätzchen ausstechen. Auf ein Blech legen und im vorgeheizten Ofen bei 200 °C etwa 10 Minuten backen.

Wenn Ihr Teig eine interessante Geschmacksnuance erhalten soll, dann fügen Sie beim Kneten ein paar Tropfen Rum- oder Arrakaroma zu.

Skandinavisches Weihnachtsgebäck

Dieses Gebäck, zu Ringen geformt, eignet sich besonders gut als Weihnachtsbaumschmuck. Ziehen Sie ein hübsches Band durch die Ringe und binden Sie es zu einer kleinen Schleife.

2 hartgekochte Eigelb, 2 frische Eigelb, 150 g Puderzucker,
1 Päckchen Vanillezucker, einige Tropfen Zitronenaroma,
Suft und abgeriebene Schale von ½ unbchandelten Zitrone,
250 g Butter, 300 g Mehl
Außerdem: 1 EL Milch, 2 Eigelb zum Bestreichen,
Hagelzucker und Nonpareilles zum Bestreuen

Hartgekochtes Eigelb durch ein feines Sieb streichen. Frisches Eigelb, den Zucker und das Aroma sowie Zitronensaft und -schale gut damit verrühren. Dann die Butter einarbeiten. Zum Schluß das Mehl unterheben und verkneten. In den Kühlschrank stellen. Dann walnußgroße Stücke abstechen und zu Strängen rollen. Diese zu einem Ring zusammendrücken. Auf ein Backblech setzen, mit in Milch verschlagenem Eigelb bestreichen und wahlweise mit den oben genannten Zutaten bestreuen. Bei 200 °C etwa 15 Minuten backen.

Spritzgebäck

250 g Butter, 200 g Zucker, 1 Päckchen Vanillezucker, 2 Eier,
1 Prise Salz, 250 g Speisestärke, 250 g Mehl, 1 TL Backpulver
Außerdem: dunkle Schokoladenglasur (Fertigprodukt)

Butter und Zucker schaumig rühren. Mit Eiern und Salz weißschaumig schlagen. Stärke, Mehl und Backpulver mischen und eßlöffelweise zum Teig geben. In einen Spritzbeutel mit großer Tülle füllen und verschiedene Formen wie Schleifen, Stangen, Kringel und S-Plätzchen auf ein Backblech spritzen. 15 Minuten bei 200 °C abbacken.
Die Schokoladenglasur im Wasserbad auflösen. Das Gebäck mit den Enden hineintauchen. Besonders lecker schmeckt das Spritzgebäck, wenn Sie in den Teig 100 g abgezogene, gemahlene Mandeln mischen. Wird der Teig zu fest, können Sie einige Löffelchen Milch zufügen.

Terrassengebäck

Teig: 250 g Mehl, 125 g Butter, 65 g feiner Zucker, 1 Ei,
abgeriebene Schale von 1 unbehandelten Zitrone,
einige Tropfen Zitronensaft
Außerdem: Aprikosenkonfitüre oder Johannisbeergelee, Puderzucker

Aus den Zutaten einen ausrollbaren Knetteig formen. Einige Zeit kühl stellen. Dann dünn ausrollen. Runde, gezackte Plätzchen in 3 Größen ausstechen. Diese bei 180 °C goldgelb abbacken. Nach dem Erkalten die jeweils größten und zweitgrößten Plätzchen mit Gelee oder Konfitüre bestreichen und alle 3 Sorten terrassenförmig zusammensetzen. Mit Puderzucker dick bestreuen.

Thoma-Brötchen

150 g Butter, 250 g Zucker, 1 Päckchen Vanillezucker,
3 Eier, 4 Tropfen Zitronenaroma, 300 g Mehl,
75 g Speisestärke, 1 TL Backpulver, 3 EL Milch,
je 50 g gehackte Mandeln, Korinthen und Zitronat oder Orangeat

Butter und Zucker schaumig schlagen. Eier und Backaroma einrühren. Mehl, Stärkemehl und Backpulver mischen, abwechselnd mit der Milch einarbeiten. Der Teig soll schwerreißend vom Löffel fallen. Zum Schluß Mandeln, Korinthen und Zitronat einkneten. Mit 2 Teelöffeln kleine Häufchen auf das Blech setzen und goldbraun backen (15 Minuten bei 200 °C).

Vanillekipferl

250 g Mehl, 75 g Speisestärke, 125 g gemahlene Mandeln,
70 g Zucker, 200 g weiche Butter, 2 Eigelb
Außerdem: 3–4 Päckchen Vanillezucker,
1 Töpfchen Schokoladenglasur (Fertigprodukt)

Aus Mehl, Stärkemehl, Mandeln, Zucker, Butter und Eigelb wird ein Mürbeteig hergestellt und zu einer 5–6 cm dicken Rolle gewälzt. Einige Zeit ruhen lassen. Davon schneidet man dann 1 cm dicke Scheiben ab und formt diese zu Hörnchen. Sie werden bei 175 °C etwa 10–15 Minuten hellgelb abgebacken. Sofort nach dem Backen mit Vanillezucker dick bestreuen. Je nach Geschmack werden die Kipferl nach dem Erkalten mit beiden Enden in Schokoladenglasur getaucht.

Zedernbrot

2 Eiweiß, 300 g Puderzucker, 1 Päckchen Vanillezucker,
Saft und abgeriebene Schale von 1/2 unbehandelten Zitrone,
1/2 Fläschchen Bittermandelaroma, 500 g gemahlene Mandeln
Guß: 125 g Puderzucker, 3 EL Zitronensaft oder Kirschwasser

Die Eiweiß zu steifem Schnee schlagen. Dabei den Zucker einrieseln lassen. Zitronensaft, Schale und Mandelaroma einfließen lassen. Zum Schluß 300 g gemahlene Mandeln

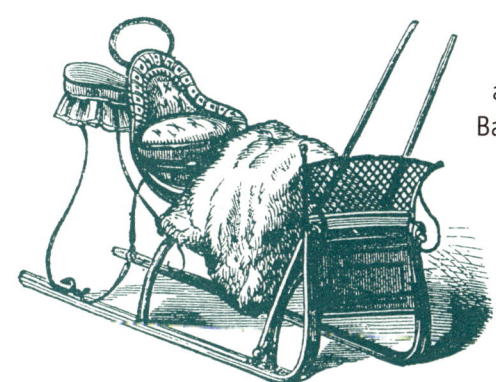

unterheben. Die restlichen Mandeln auf ein Backbrett streuen, den Teig 5 mm dick darauf ausrollen. Sterne ausstechen. Diese auf ein Backblech setzen. Bei 160 °C 20 Minuten backen. Die Plätzchen auf dem Blech erkalten lassen. Puderzucker mit dem Saft oder Kirschwasser dickbreiig anrühren und auf die Plätzchen streichen.

Zigeunerschnitten

2 Eier, 150 g Zucker, 80 g zerlassene, abgekühlte Butter,
je 180 g Kurpflaumen ohne Stein und getrocknete Aprikosen,
250 g Mehl, 1 TL Backpulver, 200 g gemahlene Nüsse,
100 g Rosinen, 2 TL Zimt, 4 EL geriebene Schokolade
Glasur: 125 g Puderzucker, einige Tropfen Kirschwasser

Eier, Zucker und Butter schaumig rühren. Pflaumen und Aprikosen kleinwürfeln. Mehl und Backpulver mischen. Alle Zutaten der Reihe nach einarbeiten. Den Teig auf ein Backblech streichen und bei 200 °C 15 Minuten backen lassen. Noch warm in schmale Streifen schneiden und diese mit einem Guß aus Puderzucker und Kirschwasser bestreichen. Auf dem Blech auskühlen lassen.

Zitronenbrezelchen

125 g Butter, 2 Eigelb, 125 g Zucker, 150 g Mehl, 50 g Stärkemehl,
abgeriebene Schale und Saft von 1 unbehandelten Zitrone,
50 g feingehacktes Zitronat
Außerdem: 1 Eigelb zum Bestreichen, Hagelzucker zum Bestreuen

Butter, Eigelb und Zucker schaumig rühren. Mehl und Stärkemehl mischen und nach und nach dazugeben. Alle übrigen Zutaten einarbeiten. Gut durchkneten. Aus dem Teig eine Rolle formen, Scheiben davon abschneiden und diese zu dünnen Stangen drehen. Brezelchen daraus formen. Auf ein Blech legen, mit Eigelb bestreichen und mit Hagelzucker bestreuen. Bei 200 °C in 15 Minuten goldgelb backen.

Zimtsterne

Wenn Sie möchten, daß die Zimtsterne ein zusätzliches Aroma bekommen, dann bestreuen Sie Ihr Backblech entweder mit Aniskörnern oder mit Vanillezucker.

4 Eiweiß, 500 g abgezogene, geriebene Mandeln, 500 g Puderzucker,
2 gehäufte TL Zimt, eventuell 1 EL Kirschwasser
Außerdem: 1 Eiweiß, 1 EL Puderzucker

Eiweiß zu steifem Schnee schlagen. Dahinein unter Schlagen die Mandeln, den Puderzucker, den Zimt und das Kirschwasser heben. Schnell verkneten und den Teig 1 Stunde im Kühlschrank ruhen lassen. Die Arbeitsfläche zum Ausrollen mit Zucker bestreuen. Den Teig darauf 1 cm dick ausrollen, kleine Sterne ausstechen und diese mit dem steifen Eischnee (aus 1 Eiweiß und 1 Eßlöffel Puderzucker) überziehen. Auf ein Backblech legen, die Nacht über trocknen lassen und am anderen Tag bei 220 °C etwa 5 Minuten backen. Die Sterne sollen innen noch weich und außen noch weiß sein. Danach auskühlen lassen und in Dosen füllen.

Konfekt zum Verschenken und Selbstgenießen

Finden Sie es nicht auch besonders nett, wenn Ihnen zur adventlichen oder weihnachtlichen Kaffee-Einladung eine kleine Aufmerksamkeit aus eigener Produktion zuteil wird? Etwa selbstbereitetes Konfekt, jedes Teil einzeln schön in Klarsichtfolie gewickelt, mit Bändern dekorativ verschnürt oder in Konfektschälchen und -tütchen und in einer mit Tortenspitze ausgelegten hübschen Dose überreicht: Hier ist ein Präsent, das jedes gekaufte Geschenk in den Schatten stellt. Eines aber ist zu beachten: Konfekt aus eigener Bäckerei hält sich nur begrenzt, da es frei von Konservierungsmitteln ist. Aber wer kann dieser süßen Verlockung schon lange widerstehen? Auf jeden Fall aber kühl aufbewahren.

Marzipan

Die ersten Rezepte dieses Kapitels sind auf Marzipanbasis hergestellt. Es ist sicher von Interesse, über die Herkunft dieser Köstlichkeit einiges zu erfahren. Doch ganz Genaues weiß man nicht – leider. Die Deutungen des Namens erschöpfen sich in Vermutungen und Legenden. Die einen sagen, „Marzipan" sei die Verstümmelung des lateinischen Wortes „Marci panem" (Brot des heiligen Markus), wodurch angedeutet werden soll, daß die Mönche von San Marco in Italien dieses Brot als süße Fastenspeise ihrem Schutzpatron weihten. Andere glauben, das Wort sei abgeleitet vom heidnischen „panis martius" (Märzbrot), einem Gebäck, mit dem man in vorchristlicher Zeit im Frühjahr die Armen beschenkte.

Die Lübecker wiederum rühmen sich, das Marzipan erfunden zu haben. Die Annalen aus dem Jahre 1407 berichten über eine große Mißernte, die Getreidespeicher blieben weitgehend leer, der Hunger hielt Einzug in die Stadt. Da aber genügend Zucker sowie Mandeln vorhanden waren, soll man aus diesen Zutaten Brote geformt haben. Von allen Versionen scheint mir das „Markusbrot" der frommen und vernaschten Mönche von San Marco wohl einigermaßen einleuchtend.

Seit dem frühen Mittelalter florierte der Spezereien- und Gewürzhandel mit dem Orient. Anlaufstelle war immer zunächst Norditalien. Von dort kamen auch die ersten Model aus Ton oder Holz, in die man das Marzipan preßte, zu uns nach Deutschland. Da dieses Konfekt aber sehr teuer war, blieb es zunächst den reichen Leuten vorbehalten. Erst viel später (16. Jh.) fand es Zugang zu „jedermann". Heute kann man Marzipanrohmasse bequem im Handel kaufen. Wie aber stellt man Marzipan her? Gutes Marzipan besteht immer zu gleichen Teilen aus abgezogenen, gemahlenen Mandeln und Puderzucker. Zur Parfümierung kommt noch Orangenblüten- oder Rosenwasser dazu.

Grundrezept für Marzipanrohmasse:

500 g Mandeln, davon einige bittere, 500 g Puderzucker,
3 EL Rosenwasser oder Orangenblütenwasser (gibt es in
Feinkostgeschäften und Apotheken zu kaufen)

Die Mandeln in heißes Wasser legen und häuten. Die Kerne 1 Nacht trocknen lassen und dann 2 x durch die Mandelmühle drehen. Mit dem Zucker und Rosenwasser in einen Topf geben, leicht erwärmen und so lange rühren, bis eine homogene Masse entsteht, die sich vom Topfboden löst. Diesen Brei in ein mit Puderzucker bestäubtes Tuch einschlagen und 3 Tage kühl ruhen lassen.

Marzipankartoffeln

Den Teig zu einer Rolle formen. Daumendicke Scheiben abschneiden. Diese zu runden Kugeln rollen und durch gutes Kakaopulver wälzen.

 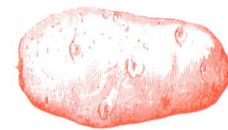 

Vexiergebäck

Vexierfiguren waren im Mittelalter beliebte Süßigkeiten, die man bei einem Essen zwischen einzelnen Gängen den Gästen anbot. Auf großen Tabletts wurden Schinken, Würste, Braten, kleine Schweinchen und Obst aus Marzipan angeboten, dem Original täuschend ähnlich. Sie wurden auch wohl als Tischschmuck übergroß hergestellt und herrlich verziert. Auch heute noch sind uns die kleinen Marzipanconfiserien wohlbekannt. Sie dekorieren die Weihnachtsteller in bunter Auswahl zum Entzücken der Kinder.
Arbeiten Sie mit dem Rosenwasser Lebensmittelfarbe oder Obstsäfte in den Marzipanteig ein und formen Sie daraus die Vexierfiguren. Es kostet Arbeit und bedarf einiger Geschicklichkeit – aber versuchen Sie es!

Marzipanherzen

500 g Rohmarzipan, 400 g Puderzucker, 2 Eiweiß, 2 Eigelb,
1–2 EL Zitronensaft, kandierte Kirschen, kandierte Orangen, Walnüsse

Die Rohmasse mit 200 g Puderzucker verkneten und auf
100 g Puderzucker ausrollen. Kleine Herzen ausstechen,
diese mit Eiweiß bepinseln. Aus den Ausstechresten
schmale Streifen schneiden, um die Ränder legen und
mit Eigelb bestreichen. Bei 175 °C so lange backen, bis
die Ränder schön braun sind. Den Rest Puderzucker
mit dem Zitronensaft oder dem restlichen Eiweiß
verrühren. Die Herzen innen damit bestreichen und
hübsch mit kandierten Fruchtstreifchen oder Nüssen
belegen.

Marzipan-Walnußpralinen

400 g Marzipanrohmasse, 100 g Puderzucker,
100 g gehackte Walnüsse, 2 cl Rum (54%ig), 2 cl Maraschinolikör
Außerdem: 2 Töpfchen dunkle Schokoladenglasur (Fertigprodukt),
ca. 40–50 halbe Walnüsse

Die Marzipanrohmasse mit 80 g Puderzucker, den gehackten Walnüssen, dem Rum und dem Likör gut verkneten. Auf dem restlichen Puderzucker 1 1/2 cm dick ausrollen und rund, oval oder rechteckig ausstechen.
Die Glasur schmelzen, aber nicht zu flüssig werden lassen. Jede Praline mit einem Zahnstocher aufspießen, durch die Glasur ziehen und leicht antrocknen lassen. Jeweils 1/2 Walnuß aufdrücken.

Sherry-Marzipan-Pralinen

200 g Marzipanrohmasse, 80 g Puderzucker, 2 cl Sherry
Außerdem: Schokoladenglasur (Fertigprodukt), Mandelstifte,
kandierte Orangen

Die Marzipanmasse mit 30 g Puderzucker und dem Sherry verkneten. Auf dem übrigen Puderzucker ausrollen. Mit ganz kleinen Formen Pralinen ausstechen. Diese mit Schokoladenglasur überziehen und mit Mandelstiften oder mit in feine Streifen geschnittenen kandierten Orangen verzieren.

Bethmännchen

Man sagt, sie seien zum ersten Mal 1840 im Hause des Moritz von Bethmann, Sohn der Frankfurter Patrizierfamilie Bethmann und Repräsentant des seit 1743 bestehenden Bankhauses, zum Tee gereicht worden. Zunächst soll dieses Gebäck vier angedrückte Mandeln aufgewiesen haben, die die vier Söhne des Moritz von Bethmann symbolisierten. Als ein Sohn starb, wurde eine Mandel weggelassen. Seitdem also drückt man nur drei Mandeln aufrecht an die Seiten der Gebäckkugeln.

In Frankfurt kann man sie heute das ganze Jahr über kaufen. Sie sind beliebte Mitbringsel aus der Mainmetropole. In früheren Zeiten wurden sie in den Familien aber nur in der Vorweihnachtszeit gebacken.

250 g Marzipanrohmasse, 80 g Puderzucker, 40 g Mehl, 1 Eiweiß,
65 g gemahlene Mandeln
Außerdem: 50 g ganze Mandeln, 1 Eigelb, 1 EL Wasser

Die Marzipanrohmasse mit dem Puderzucker, Mehl, Eiweiß und den gemahlenen Mandeln verkneten. Aus der Masse kleine Kugeln formen und auf ein gefettetes Backblech setzen. Von den abgezogenen, halbierten Mandeln jeweils drei aufrecht an jede Kugel drücken. Das Eigelb mit dem Wasser verschlagen. Die Bethmännchen damit bestreichen. Die Backzeit beträgt 15 Minuten bei 150 °C. In gut verschlossenen Dosen aufbewahren.

Meraner Nüsse

250 g brauner Zucker, 1/8 l Wasser, einige Tropfen flüssige Vanille,
250 g Walnüsse (halbiert), 50 g Marzipanrohmasse,
Puderzucker zum Ausrollen des Marzipans

Den Zucker mit Wasser und Vanille aufkochen und zu einem dicken Sirup einkochen lassen. Das Marzipan auf dem Puderzucker ausrollen. Je zwei Walnußhälften mit etwas Marzipan zusammensetzen, durch den Sirup ziehen und auf geölter Alufolie trocknen lassen. Ein süßer Hochgenuß!

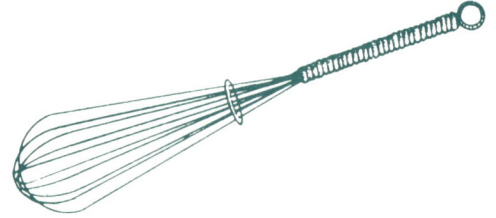

Mandelkonfekt Florentiner Art

50 g Butter, 200 g Zucker, 2 Päckchen Vanillezucker,
1/8 l Sahne, 300 g Mandelblätter, 75 g Zitronat (fein gewürfelt),
75 g Orangeat (fein gewürfelt), Oblaten (4 cm Durchmesser)

Butter, Zucker und Vanillezucker unter Rühren so lange erhitzen, bis der Zucker leicht gebräunt ist. Die Sahne zugeben. Mandeln, Zitronat und Orangeat darunterrühren und unter ständigem Rühren so lange erhitzen, bis die Masse abbindet und fest ist. Bergartig auf Oblaten streichen. Bei 175 °C etwa 10 Minuten backen.

Tip:
Wer will, kann das Konfekt noch mit Fäden flüssiger Schokoladenglasur überziehen.

Nougatkonfekt

200 g Marzipanrohmasse, 1 Eigelb, 150 g Puderzucker,
200 g Nußnougat,
1 Eiweiß oder etwas Orangenkonfitüre

Die Marzipanmasse mit dem Eigelb und dem Puderzucker verkneten. Diese und die Nußnougatmasse getrennt voneinander auf Puderzucker zu gleich großen Platten ausrollen. Mit Eiweiß oder Konfitüre bestreichen, aufeinander legen und rollen oder durchschneiden und nochmals wie gehabt schichten. Von der Rolle Scheiben abschneiden, von der geschichteten Lage Quadrate oder Taler ausstechen. Gut gekühlt trocknen lassen.

Nußsplitter

Zu diesem Konfekt eignen sich Walnüsse, Haselnüsse und abgezogene Mandeln. Sie werden gestiftelt oder grob gehackt.

je 50 g weiße, Vollmilch- und halbbittere Schokolade,
75 g gehärtetes Pflanzenfett (z. B. Biskin, Palmin),
1 ½ Päckchen Vanillezucker, 200 g Nüsse (s. o.)

Die Schokoladenarten getrennt im Wasserbad schmelzen lassen. Jeweils 25 g Pflanzenfett mit auflösen. Mit Vanillezucker würzen. Die Nüsse grob zerkleinern und gut unter die flüssige Masse heben. Leicht erstarren lassen. Eine Alufolie ölen. Kleine Nußhäufchen darauf setzen und gut durchkühlen.

Trüffeln I

*150 g Schlagsahne, 1 Vanilleschote, je 150 g dunkle und helle
Kuvertüre, 2 Eigelb, 80 g Zucker, 50 g weiche Butter
Außerdem: einige Alu- oder Papierförmchen, je 100 g dunkle und
weiße Schokoladenglasur (Fertigprodukt)*

Die Hälfte der Sahne mit der Vanilleschote aufkochen. Die Kuvertüre auflösen. Beides abkühlen lassen. Das Eigelb mit dem Zucker schaumig schlagen. Die Vanilleschote aus der Sahne nehmen. Abgekühlte Sahne wieder in den Topf geben und erhitzen. Unter ständigem Rühren den Eierschaum einfließen lassen. Einige Sekunden weiterschlagen. In eine Schüssel gießen und die Kuvertüre unterrühren. Dann die Butter darin auflösen. Bevor man die Trüffeln aus der Masse formen kann, muß sie eine Weile kühl stehen. Dann zu so großen Kugeln oder Tütchen rollen, daß sie in die Förmchen passen. Man kann die weiche Masse aber auch mit Hilfe eines Spritzbeutels in die Förmchen spritzen. Danach kühl stellen und hinterher verzieren.

Den Schokoguß schmelzen. 2/3 der Masse über die Pralinen ziehen. Mit dem letzten Drittel die Pralinen kontrastreich verzieren. Dazu füllt man die Masse in spitze Pergamenttütchen, schneidet eine kleine Spitze ab und zieht so Spiralen oder andere Muster über die Trüffeln.

Trüffeln II

100 g Blockschokolade, 75 g gehärtetes Pflanzenfett
(Palmin, Biskin o. a.), 25 g dunkler Kakao, 30 g Puderzucker,
1 EL Rum oder Obstler, 1 Eigelb
Außerdem: Kokosraspeln, Kakaopulver, Krokant oder Nonpareilles

Schokolade und Fett zusammen im Wasserbad schmelzen. Kakao und Zucker dazugeben. Den Rum einrühren. Die Masse leicht auskühlen lassen, dann das Eigelb einrühren. Weiter abkühlen lassen, aber hin und wieder umrühren. Aus der Masse Kugeln formen und diese entweder durch Kokosraspeln, Kakao, Krokant oder die bunten Perlen drehen. In Manschetten setzen.

 # Zitronenmakronen

4 Eiweiß, 250 g Zucker, 250 g gehackte Mandeln,
100 g Zitronat (fein gehackt), 100 g geraspelte herbe Schokolade,
abgeriebene Schale von 1 unbehandelten Zitrone, kleine Oblaten

Die Eiweiß zu steifem Schnee schlagen. Nach und nach den Zucker hinzufügen, bis die Masse streichfest ist. Dann die übrigen Zutaten hinzufügen. Kleine Häufchen auf Oblaten setzen und bei 150 °C 35–40 Minuten backen.

Rosinenhäufchen

200 g geraspelte Schokolade, 200 g Kondensmilch, 300 g Rosinen

Die Schokolade im Wasserbad schmelzen, die Milch zugeben und langsam unter Rühren kochen lassen, bis die Masse dick geworden ist. Die Rosinen einrühren und mit einem Teelöffel kleine Häufchen abstechen. Auf ein geöltes Blech setzen und etwa 12 Stunden trocknen lassen.

Rumkugeln I

250 g heller oder dunkler Biskuit, 2 EL Rum, ⅛ l Wasser,
60 g Kokosfett, 40 g Puderzucker, 10 g Kakao,
1 Päckchen Vanillezucker, ½ Fläschchen Rum-Aroma,
1 Eigelb, Schokoladenstreusel

Die Kuchenreste zerkrümeln und in eine Schüssel geben. Mit einem Gemisch aus Rum und Wasser beträufeln. Das Fett zerlassen und abkühlen lassen. Puderzucker und Kakao mischen, Vanillezucker und Rum-Aroma zufügen. Das Fett und das Eigelb langsam unterrühren und zu den Bröseln geben. Gut durchkneten. Aus dem Teig kleine Kugeln formen. Diese durch die Streusel wälzen und kalt stellen, damit sie fest werden.

Rumkugeln II

250 g bittere Schokolade, 25 g Butter, 1 EL Kondensmilch,
1 EL Puderzucker, 25 g Kakao, 3 EL Rum (54%ig),
100 g dunkle Schokoladenstreusel

Die Schokolade schmelzen. Butter, Milch, Puderzucker, Kakao und den Rum nach und nach mit einem Schneebesen unterrühren. Aus der Schokoladenmasse kleine Kugeln formen und durch die Streusel wälzen. Im Kühlschrank oder an einem anderen kühlen Platz trocknen lassen.

Kokos-Konfekt

50 g Kokosraspeln, 1 EL Butter, 4 EL Sahne, 200 g weiße Schokolade,
20 g gehärtetes Pflanzenfett (z. B. Palmin, Biskin), 2 EL Rum,
1 EL heißes Wasser

40 g Kokosraspeln in Butter goldgelb rösten. Die Sahne aufkochen, Schokolade und Fett darin schmelzen, aber nicht mehr kochen lassen. Den Rum mit dem Mixer unterschlagen, danach ebenso das heiße Wasser. Die Masse etwas abkühlen lassen, hin und wieder umrühren. In einen Spritzbeutel füllen und in kleine Konfektmanschetten spritzen. Mit den restlichen Kokosraspeln bestreuen. Kühl aufbewahren.

Dattelkugeln

2 Tassen Cornflakes, 250 g Datteln, 50 g Walnüsse, 3 EL Honig,
10 g Butter, 1 EL Zitronensaft, Puderzucker, halbierte Walnußkerne

Die Cornflakes, die entkernten Datteln und Walnüsse durch den Fleischwolf drehen. Honig, Butter und Zitronensaft mit der Masse vermischen und gut miteinander verkneten. Kleine Kugeln formen und diese durch Puderzucker rollen. Auf jede Kugel eine halbe Walnuß setzen. Die Kugeln etwas flach drücken. Trocknen lassen.

Schokoladen-Tee-Konfekt

20 g schwarzer Tee, 1/8 l Wasser,
300 g dunkle Blockschokolade oder Zartbitterschokolade, 50 g Butter,
2 Eigelb, abgeriebene Schale von 1/2 unbehandelten Orange
Außerdem: 50 g Kakao zum Bestäuben

Den Tee mit heißem Wasser überbrühen und 5 Minuten ziehen lassen. Danach durch ein Sieb gießen. Die Schokolade im Wasserbad auflösen. Die Butter mit dem Eigelb und der Orangenschale schaumig schlagen. Unter Rühren den Teeaufguß unterziehen. Anschließend die Schokolade einrühren.
Ein Blech mit Alufolie auslegen. Die Masse 1 cm dick darauf streichen. Erstarren lassen. In 1 cm große Quadrate schneiden und diese in gesiebtem Kakao wälzen. In Dosen aufbewahren. Zwischen die einzelnen Schichten Folie legen.

Schokoladen-Nougat-Konfekt

100 g Zartbitterschokolade, 20 g gehärtetes Fett, 400 g Nougat,
250 g Mandelstifte, 1 EL Rum

Schokolade, Fett und Nougat zusammen im Wasserbad auflösen. Mandeln und Rum einrühren. Kleine Häufchen auf Alufolie setzen und erstarren lassen.
Hübsch in Klarsichtfolie oder in Papiermanschetten verpacken. In Dosen kühl aufbewahren.

Schokoladentrüffeln

1 Tafel Zartbitter-Schokolade (100 g), 100 g Butter,
100 g Puderzucker, 25 g guter Kakao, 2 EL gemahlene Mandeln
oder Nüsse, 1–2 EL Weinbrand oder Obstler
Außerdem: bunte Streusel oder Kakao

Die Schokolade zerbröckeln und im Wasserbad schmelzen. Gesondert davon die Butter mit
dem Zucker schaumig rühren. Den Kakao, die Nüsse und den Alkohol zugeben. Gut durch-
schlagen und unter Rühren die flüssige Schokolade einfließen lassen. 2–3 Stunden in den

Kühlschrank stellen, damit sich die Masse festigt. Danach Kugeln formen und durch Kakao oder die bunten Streusel rollen. In Pralinenmanschetten legen und bis zum Verzehr möglichst kühl aufbewahren.

Vanillekonfekt

2 Eier, 100 g Zucker, 2 Päckchen Vanillezucker, 100 g Mehl,
1 Messerspitze Backpulver, 100 g zerlassene Butter,
50 g Marzipanrohmasse
Außerdem: 50 g dunkle Schokoladenglasur (Fertigprodukt),
einige Belegkirschen, evtl. etwas Vanillezucker

Eier und Zucker schaumig schlagen. Das Mehl mit dem Backpulver mischen und unter den Eierschaum heben. Ebenso die zerlassene, etwas abgekühlte Butter. Kleine bunte Aluformen oder Förmchen aus Backpapier leicht fetten. Diese Förmchen halb mit Teig füllen, 1 Würfelchen Rohmarzipan hineindrücken und den restlichen Teig bis zum Rand einfüllen. Im vorgeheizten Backofen 10 Minuten bei 200 °C goldgelb backen. Anschließend etwas Schokolade erwärmen, in eine Pergamenttüte füllen, eine kleine Spitze abschneiden und die Schokolade in Fäden über die Törtchen ziehen. Eventuell ein Stückchen Belegkirsche aufsetzen oder auch mit Vanillezucker pudern.

Kuchen und Torten, die nach „Apfel, Nuß und Mandelkern" duften

Obschon man früher einfacher lebte und schlichter zu speisen pflegte, so galt es doch, an Weihnachten – im Gegensatz zu den üblichen Sonn- und Feiertagen – besondere, festliche und üppige Torten und Kuchen auf den Kaffeetisch zu bringen. Die Kaffeetafel, festlich mit Kerzen geschmückt und mit großen Tellern voller duftender Plätzchen sowie Äpfeln und Nüssen gedeckt, war – und ist es auch noch heute – häufig Treffpunkt der Familien. Das folgende Sprichwort beweist, wie heimat- und familienverbunden gerade die Weihnachtszeit den einzelnen und seine weite Familie prägt:

> „Weihnachten backt jan und jedermann,
> Ostern backt, wie man's kann,
> Pfingsten backt der reiche Mann."

Daß bei den weihnachtlichen Köstlichkeiten auf die jahreszeitlich bedingten Vorräte zurückgegriffen wurde, versteht sich von selbst. Besonders früher, als das Konservieren von Obst wenig bekannt und einzig und allein das Trocknen oder Dörren üblich war, richtete man sich bei den Zutaten nach den Gegebenheiten und verwendete viel

Trockenobst sowie Nüsse und Mandeln. Hinzu kam, daß um diese Zeit der „Pfefferhandel" mit dem Orient besonders stark war, so daß nicht nur die Plätzchen, sondern auch die Kuchen und Torten stark nach Zimt, Kardamom und Nelkenpfeffer dufteten. Wollte man etwas Besonderes bieten, so erstand man getrocknete Südfrüchte wie Feigen und Datteln.

Gewürzkuchen

250 g Butter, 250 g brauner Zucker, 8 Eier, 125 g geriebene Walnüsse,
250 g Mandeln (mit der Schale gerieben), 100 g geriebene dunkle
Schokolade, je 50 g gewürfeltes Zitronat und Orangeat,
abgeriebene Schale von 2–3 unbehandelten Zitronen,
1 TL Zimt, je $\frac{1}{2}$ TL Ingwerpulver und gemahlener Nelkenpfeffer,
125 g Rosinen, 150 g Mehl, 3–4 EL Rum (54%ig),
3–4 EL kalter Bohnenkaffee (Mokka), $\frac{1}{8}$ TL Backpulver,
150 g zerriebene Zwiebäcke
Glasur: 250 g Puderzucker, Rum, etwas Pulverkaffee oder Kakao

Die Butter mit dem Zucker und den Eigelb schaumig rühren. Der Zucker muß sich ganz aufgelöst haben, erst dann gibt man die Nüsse, Mandeln, die Schokolade, das Zitronat und Orangeat, die Zitronenschale und die Gewürze dazu. Die Rosinen waschen, trockentupfen, durch Mehl wälzen und zugeben. Die Flüssigkeiten einarbeiten. Das Mehl, Backpulver und die Zwiebackbrösel auf den Teig häufen, darüber das zu steifem Schnee geschlagene Eiweiß geben und alles locker unterheben. Eine Napfkuchenform mit Fett ausstreichen und bemehlen. Den Teig hineingeben, die Form darf nur zu ¾ gefüllt sein. Bei 180 °C etwa 45 Minuten backen. Den Guß bereiten und diesen auf den abgekühlten Kuchen streichen. 2–3 Tage ziehen lassen.

Tip:
Wenn Sie eine Stern- oder Herzform besitzen, backen Sie den Teig darin ab. Hübsch in durchsichtige Folie verpackt, mit einem Weihnachtssträußchen dekoriert, ist der Kuchen ein wundervolles Geschenk.

Baltischer Apfelkuchen

300 g Mehl, 1 TL Backpulver, 200 g Zucker, 4 Eier, 200 g Butter,
1 TL Zimt, 1 TL Kardamom, 1 TL gemahlener Ingwer
Belag: 1 ½ kg säuerliche Äpfel (z. B. Boskop),
1 kleines Glas Aprikosenmarmelade,
2 cl Weinbrand oder Aprikosengeist

Aus den angegebenen Zutaten einen weichen Teig rühren und diesen auf ein gefettetes Backblech streichen. Die Äpfel schälen, das Kerngehäuse mit einem Apfelausstecher ausschneiden und in ½ cm dicke Scheiben schneiden. Dicht nebeneinander auf den Teig legen. Den Kuchen bei 200 °C etwa 30 Minuten backen. In der Zwischenzeit die Aprikosenmarmelade mit dem Weinbrand oder Aprikosengeist verrühren und diese Masse über den fertig gebackenen, noch warmen Kuchen streichen. Den Kuchen so schneiden, daß eine Apfelscheibe immer ein Stück ergibt. Dazu serviert man Ingwersahne: geschlagene Sahne mit Vanillezucker und frisch geriebener Ingwerwurzel oder Ingwerpulver.

Preiselbeer-Gewürzkuchen

Teig: 140 g Butter, 140 g Zucker, 1 Ei, 3 Eigelb, 70 g Paniermehl,
70 g gemahlene Haselnüsse, 70 g dunkle Schokoladenraspel,
1 TL Zimt, 1 Messerspitze Nelkenpulver, 3 Eiweiß
Außerdem: Preiselbeerkompott, Schokoladenglasur (Fertigprodukt),
etwas Marzipanrohmasse und Puderzucker

Aus den Zutaten einen weichen Rührteig herstellen. Das zu steifem Schnee geschlagene Eiweiß zum Schluß unterheben. Den Boden einer Springform von 24 cm Durchmesser mit Backpapier auslegen. Den Teig einfüllen und bei 175 °C etwa 30 Minuten backen. Den Kuchen 5 Minuten in der Form auskühlen lassen. Dann stürzen, das Papier abziehen und sofort dick mit Preiselbeerkompott bestreichen. Völlig auskühlen lassen. Die Glasur erwärmen. Die Marzipanrohmasse auf Puderzucker ausrollen und ganz kleine Sterne und Halbmonde daraus ausstechen. Den Kuchen mit der Glasur überziehen. In die noch weiche Glasur die Sternchen und Halbmonde als Dekoration drücken. Den restlichen Puderzucker wie Schnee über den erkalteten Kuchen stäuben. Am besten den Kuchen 2 Tage vor dem Verzehr backen und kühl stellen.

Linzer Torte

150 g Butter, 250 g Zucker, 150 g gemahlene Haselnüsse, 300 g Mehl,
1 gestrichener TL Backpulver, 2 EL Kakao, ½ TL Zimt, 1 Messerspitze
Nelkenpulver, abgeriebene Schale von 1 unbehandelten Zitrone,
2 Likörgläser Kirschwasser, 1 Ei, 2–3 EL Milch,
5–6 EL rote Johannisbeermarmelade oder Preiselbeerkompott
Außerdem: 1 Eigelb, 1 EL Milch

Die Butter mit dem Zucker geschmeidig rühren. Die gemahlenen Nüsse, das mit Backpulver gesiebte Mehl, den Kakao, die Gewürze, das Kirschwasser, Ei und die Milch einarbeiten. 1 Stunde kalt stellen. Etwa ²/₃ des Teigs ausrollen und eine Tortenform damit auslegen. Mit Marmelade bestreichen, den restlichen Teig ausrollen und in Streifen schneiden. Diese gitterförmig auf den Kuchen legen und mit Eigelb (mit Milch verrührt) bestreichen. Bei 175 °C ca. 1 Stunde backen.

Weihnachtstorte

500 g Mehl, 180 g Zucker, 180 g gemahlene Walnußkerne, 2 Eier,
2 EL saure Sahne, 250 g Butter
Füllung: ³/₄ l saure Sahne, 125 g Puderzucker,
2 Päckchen Vanillezucker, 350 g gemahlene Walnüsse,
1 Glas schwarzes Johannisbeergelee
Außerdem: 200 g Schokoladenglasur (Fertigprodukt),
halbierte Walnußkerne

Aus den oben genannten Zutaten schnell einen Knetteig zubereiten und über Nacht in den Kühlschrank stellen. Am anderen Tag eine Springform mit Backpapier auslegen und drei Böden backen. Die Backzeit beträgt etwa 15 Minuten bei 200 °C. Die Füllung ebenfalls am Vortag vorbereiten und 1 Nacht in den Kühlschrank stellen. Dazu die saure Sahne mit dem gesiebten Puderzucker, Vanillezucker und den gemahlenen Walnußkernen verrühren.
Am anderen Tag, nach dem Abbacken und Auskühlen der Böden, streicht man etwas schwarzes Johannisbeergelee auf den ersten Tortenboden und gibt darüber die Hälfte der Sahne-Nuß-Füllung. Nun wird der zweite Boden aufgelegt. Wieder eine Geleeschicht und

darauf den Rest der Sahne-Nuß-Füllung geben. Darauf dann den dritten Tortenboden legen. Den fertigen Kuchen rundherum mit Schokoladenglasur bestreichen und mit halbierten Walnüssen verzieren.

Die Torte sollte einige Tage vor dem Verzehr zubereitet werden. Sie ist im Kühlschrank etwa 14 Tage haltbar.

Walnußtorte

Teig: 100 g Butter, 100 g Zucker, 1 Päckchen Vanillezucker, 4 Eier,
100 g geriebene dunkle Schokolade, 100 g Mehl, 50 g Speisestärke,
2 TL Backpulver, 100 g gemahlene Walnüsse
Füllung: 3/8 l Sahne, etwas Zucker, 50 g gemahlene Walnüsse
Außerdem: 1 Töpfchen Schokoladenglasur (Fertigprodukt),
einige halbierte Walnußkerne, 50 g dunkle Borkenschokolade

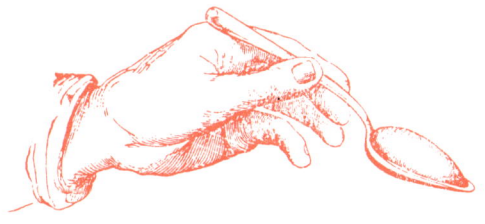

Einen Rührteig herstellen. Diesen in eine gefettete und bemehlte Springform von 24 cm Durchmesser füllen und 50 Minuten bei 175 °C auf der unteren Schiene backen. Ausgekühlt 2 x durchschneiden. Die Sahne mit etwas Zucker süßen und steif schlagen. Die Nüsse unterziehen. Die Torte damit füllen. Den zusammengesetzten Kuchen mit Schokoladenglasur überziehen, mit Walnüssen und Borkenschokolade verzieren.

Mignontorte

150 g Puderzucker, 2 Päckchen Vanillezucker, 3 Eier, 300 g Butter,
abgeriebene Schale von 1 unbehandelten Zitrone,
einige Tropfen Vanillearoma, 450 g Mehl, 2 gestrichene TL Backpulver
Füllung: 175 g Zucker, 1 Päckchen Vanillezucker,
Saft von 3–4 Zitronen (ca. 150 ml),
abgeriebene Schale von 2 unbehandelten Zitronen,
2 EL Speisestärke, 3 Eier, 200 g Butter
Außerdem: 250 g Puderzucker, etwas Zitronensaft,
Schokoladenglasur (Fertigprodukt)

Zucker und Eier schaumig rühren. Mit der Butter zu einer cremig-weißen Masse schlagen. Nach und nach Zitrone und Vanillearoma, dann das mit Backpulver vermischte Mehl unterkneten. Etwas Teig für die Dekoration abnehmen. Diesen ausrollen und Sterne, Blätter oder Herzen ausstechen. Die Plätzchen im vorgeheizten Ofen bei 180 °C in etwa 8 Minuten hell abbacken. Inzwischen den restlichen Teig in 5 Teile schneiden. Jeweils einen Teil in eine mit Backpapier ausgelegte Springform (26 cm Durchmesser) kneten. Einzeln bei 200 °C 10 Minuten abbacken. Die Böden sollen goldgelb sein.
Für die Füllung läßt man Zucker und Vanillezucker, Zitronensaft und -schale aufkochen. Die in etwas Zitronensaft angerührte Stärke einrühren. Die Eier verschlagen und ebenfalls einrühren. Zum Kochen bringen. Vom Herd ziehen und unter Schlagen eßlöffelweise die Butter einrühren. Kalt stellen. Ab und zu durchrühren, damit sich keine Haut bildet.
Vier der Böden mit der Creme bestreichen und zusammensetzen. Den fünften Boden auflegen. Den Tortenrand mit etwas Creme bestreichen. Obenauf mit Zuckerguß aus Puderzucker und Zitronensaft dick bestreichen.
Die Mürbeteigplätzchen mit flüssigem Schokoguß überziehen und auf die noch feuchte Torte setzen.

Himmelsspeck

Himmelsspeck – so nennen die Portugiesen diesen köstlichen Mandelkuchen.

30 g Butter, 30 g Zucker, 400 g geschälte, ganze Mandeln,
knapp ⅛ l Wasser, 400 g Zucker, 8 Eigelb,
½ Fläschchen Bittermandelaroma,
abgeriebene Schale von 1 unbehandelten Zitrone
Außerdem: Zucker zum Bestreuen, evtl. Puderzucker zum Bestäuben.

Butter und Zucker in einer Pfanne schmelzen. Die Mandeln darin goldgelb rösten. Zum Abkühlen beiseite stellen. Einige für die Garnitur wegnehmen, die übrigen, wenn sie erkaltet sind, fein mahlen. Wasser und Zucker zusammen kochen. Dahinein die gemahlenen Mandeln geben und 5 Minuten schwach kochen lassen. Ständig rühren, damit die Masse nicht am Topfboden ansetzt. Wenn sie glasig wird, vom Herd ziehen und abkühlen lassen. Eigelb im Wasserbad dick-schaumig schlagen. Die lauwarme Mandelmasse unter

ständigem Rühren einarbeiten. Mandelaroma und Zitronenschale dazugeben. So lange erwärmen, bis die Masse dick wird. Vorsicht, nicht zum Kochen bringen! Eine Springform (22 cm Durchmesser) mit Backpapier auslegen. Die Masse einfüllen, mit den ganzen Mandeln dekorieren und mit dem Zucker dick bestreuen. Bei 180 °C 30–40 Minuten backen. Den Kuchen zwischendurch mit Folie abdecken, damit er nicht zu dunkel wird. In der Form auskühlen lassen. Dann vorsichtig auf eine Tortenplatte gleiten lassen und eventuell mit Puderzucker bestäuben.

Engadiner Nußtorte

300 g Mehl, 150 g Zucker, 150 g Butter, 1 Ei, 1 Prise Salz
Füllung: 200 g Zucker, 20 g Butter, 300 g gehackte Walnußkerne, ¼ l Sahne
Außerdem: Butter für die Form, Eigelb zum Bestreichen

Aus den angegebenen Zutaten einen Mürbeteig bereiten, davon ⅓ des Teiges für den Deckel der Torte beiseite stellen. Mit dem übrigen Teig den Boden einer kleinen gefetteten Springform belegen und den Rand etwa 3 cm hochziehen. Eventuell den Boden 10 Minuten bei 200 °C vorbacken. Für die Füllung den Zucker in einem Topf mit der Butter langsam bräunen, die Nüsse darunterheben, ebenfalls die Sahne. Das Ganze zweimal kurz aufkochen lassen. Die abgekühlte Masse in die Form gießen. Aus dem restlichen Teig eine Decke ausrollen und auf die Torte legen. Mit Eigelb bestreichen und mit einer Gabel mehrmals einstechen. Den Kuchen bei 200 °C etwa 30–40 Minuten hellgelb abbacken.

Bremer Klaben

Dieses Backwerk stammt ursprünglich aus Bremen, ist aber heute im ganzen norddeutschen Raum beliebt. Man backt es zu Weihnachten und anderen Festtagen in großen Mengen. Früher trug man seine Klaben zum Bäcker, um sie dort abbacken zu lassen. Da der Klaben – ähnlich dem Dresdner Stollen – sich gut hält, wurden immer gleich mehrere auf einmal gebacken.
Rudolf Alexander Schröder schwärmt: „… Gedenke ich aber jenes riesigen und kunstvollen Weihnachtsbackwerks, das zu eben der Zeit auf einer anderen Anrichte von erfahrenen

Händen gerührt, gewalzt, geknetet, bestreut und mit allen Zutaten kanonischer Vorschrift versehen wurde, spreche ich das Wort „Klaben" aus, so bin ich sicher, auf dem Antlitz jedes meiner engeren Landsleute beiderlei Geschlechts einem verständnissinnigen Schmunzeln zu begegnen; denn dies durch ein Übermaß von Butter, Zucker, Rosinen, Korinthen, Zitronat und Rosenwasser fast zur Unverdaulichkeit des Marzipans entstellte Brot der hohen Kirchenfeste ist für jeden Bremer Ambrosia."

500 g Mehl, 60 g Hefe, 100 g Zucker, ¼ l Milch, 200 g Butter,
50 g Schmalz, ½ TL Kardamom,
etwas abgeriebene unbehandelte Zitronenschale, 1 Prise Salz,
250 g Rosinen, 100 g Korinthen, 50 g gehackte Mandeln,
30 g Orangeat, 30 g Zitronat, 3 Tropfen Bittermandelaroma,
einige Tropfen Rosenwasser

Das Mehl anwärmen und in eine Schüssel sieben. Die Hefe mit etwas Zucker und einigen Löffeln warmer Milch glatt rühren und in die Mitte des Mehls laufen lassen. Zu einem Vorteig verrühren und gehen lassen. Milch und Butter leicht erwärmen. Den Vorteig mit dem Mehl und den übrigen Zutaten verkneten, gehen lassen und wiederum gut durcharbeiten. Eine dicke Teigplatte ausrollen und zu einem länglichen Brot oder zu einem Stollen formen. Erneut aufgehen lassen (am besten über Nacht). Mit Butter bestreichen, in den vorgeheizten Backofen auf die untere Schiene stellen und in etwa 90 Minuten goldbraun backen. Auskühlen lassen und mit Puderzucker bestreuen. Er hält sich besonders gut, wenn Sie ihn in Alufolie wickeln und kühl lagern.
Der Klaben wird zum Verzehr in Scheiben geschnitten und mit Butter bestrichen gegessen oder auch auf eine gebutterte Scheibe Schwarzbrot gelegt.

Traditionelles Backen
zu Silvester und Neujahr

Weihnachten war seit eh und je das Fest der Familie, Silvester und Neujahr dagegen gilt der Pflege guter Beziehungen zur näheren und weiteren Verwandtschaft. „Zwischen den Jahren", wie man so schön sagt, ist endlich Zeit, die Verwandten, Nachbarn und Freunde zu besuchen. Auf dem Lande, auf den Bauernhöfen, beschränkte sich die Arbeit auf das Füttern des Viehs, auf das Melken der Kühe und auf einige notwendige Arbeiten im Haus. In der Stadt pflegte man die Geselligkeit mit Bällen, Theater- und Konzertbesuchen.

Wen wundert es da, daß so mancher Brauch zur familiären und häufig auch zur örtlichen Tradition wurde. Dabei spielten gutes Essen und Trinken immer eine große Rolle.
Einige typische Beispiele sollen dies belegen.

Westfälische Eiserkuchen

In Westfalen war und ist es noch Brauch, am Silvesternachmittag Eiserkuchen zu backen. Dazu benutzte man früher runde gußeiserne Backzangen mit langen Stielen, die man, mit Teig gefüllt, ins Herdfeuer hielt. Diese Backzangen waren kunstvoll angefertigte und verzierte Geräte, die zur Hochzeit geschenkt oder von Generation zu Generation vererbt wurden. Sie wiesen Motive wie Braut und Bräutigam mit Namen und Hochzeitsdatum auf, oder sie stellten Haus und Hof, Wappen, Pferde oder andere Dekorationen dar.

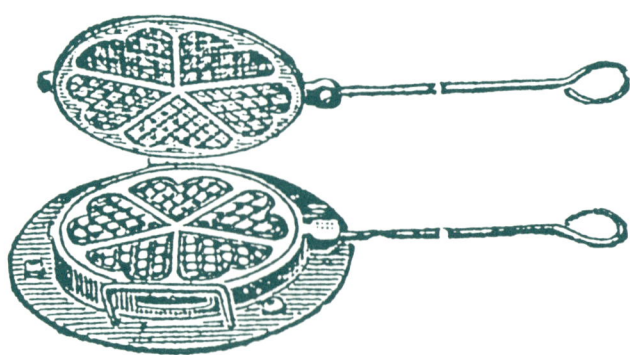

Weil die Kuchen nur vor Neujahr gebacken wurden, wenn nämlich alle um das Herdfeuer gemütlich zusammensaßen, nannte man die Eiserkuchen auch „Niejöhrkes". Sie hatten noch einen dritten Namen: „Piepkooken". Wenn der Teig zwischen den beiden Backen flachgedrückt und ins Feuer gehalten wurde, zischte Luft pfeifend aus den Eisen. Sollten Sie noch Backzangen besitzen und auch ein gemütliches Herdfeuer haben, so backen Sie doch einmal Eiserkuchen nach Altvätersitte.

200 g Butter, 375 g Zucker, 2 Eier, 500 g Mehl,
so viel lauwarmes Wasser, bis man aus dem Teig
weiche Kugeln formen kann.

Den Teig kräftig kneten und zu walnußgroßen Kugeln formen. Vor das Herdfeuer einen Baumstamm legen, um die Eisen beim Backen abzustützen.
Die Innenseiten der Zangen mit einer Speckschwarte einreiben, eine Teigkugel einlegen, die „Backen" fest zusammenpressen und über das Feuer halten. Wenn die Kuchen goldgelb sind, schnell herausnehmen und sofort zu Tüten rollen. In großen Dosen (früher Milchkannen) locker aufbewahren.

Heute werden die Eiserkuchen meist in elektrischen Geräten gebacken. Der Teig hierfür muß weicher sein:

65 g Butter, 250 g Zucker, 1 Päckchen Vanillezucker,
2 Eier, 250 g Mehl, ³⁄₈ l lauwarmes Wasser

Je nach Geschmack kann man den Teig mit Anissamen oder Zimt verfeinern. Das Eisen leicht fetten und mit 1 Eßlöffel voll Teig füllen. Zuklappen und goldbraun backen. Schnell aufrollen.

Bollebäuskes (Bäbbelkes)

Im Ruhrgebiet, im Bergischen Land und im Rheinland wurde das Neue Jahr schon immer mit großem Hallo und buntem Treiben erwartet und empfangen. Man goß Blei, ein Feuerwerk ersetzte häufig das andernorts übliche Glockengeläut, und man wünschte sich bei einer Feuerzangenbowle oder bei Glühwein und frisch gebackenen kleinen Krapfen, den Bollebäuskes, viel Glück und alles Gute für das kommende Jahr.

Diese kleinen, in Fett gebackenen Teigkugeln haben regional verschiedene Namen: Kräppel, Krapfen, Bollebäusches, Bomböschen, Bäbbelkes u.a. Sie wurden früher in einer Spezialpfanne aus Gußeisen gebacken. Diese Pfanne hatte kleine Vertiefungen und zwei Henkel. Man hängte sie in die Glut des Kohleherdes, indem man die Herdplatte und eventuell einen oder zwei Ringe von der Feuerstelle nahm. In die Vertiefungen der Pfanne gab man etwas Öl, ließ es heiß werden und füllte dann den Teig ein. Bollebäuskes waren immer ein beliebtes Gebäck, sowohl an Weihnachten und Silvester als auch zur Fastnacht. Sie werden möglichst am Tage des Verzehrs gebacken, denn frisch schmecken sie am besten.

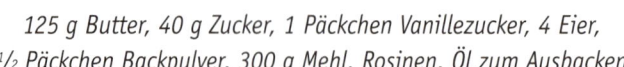

125 g Butter, 40 g Zucker, 1 Päckchen Vanillezucker, 4 Eier,
½ Päckchen Backpulver, 300 g Mehl, Rosinen, Öl zum Ausbacken

Die Butter schaumig rühren. Zucker und Eier nach und nach unterrühren. Backpulver und Mehl vermischen, sieben und mit der Schaummasse vermengen. Je nach Geschmack Rosinen hinzufügen; entsprechend der Menge verringert sich die Zuckermenge. Die

Bollebäuskes-Pfanne wird auf der Herdplatte erhitzt. Man gibt einige Tropfen Öl hinein und füllt mit einem Löffel Teig in die Vertiefungen. Während des Backens mehrmals mit einer Gabel wenden. Wenn man will, kann man sie noch mit Puderzucker bestreuen.

Tip:
Wer keine Bollebäuskes-Pfanne hat, kann das Gebäck auch in der Friteuse backen.

Futtgens

Das Rummelpottlaufen ist einer der ältesten Neujahrsbräuche Schleswig-Holsteins. Rummelpott bedeutet, daß die Kinder über eine Blechdose die vom letzten Schlachten aufbewahrte und getrocknete Schweinsblase ziehen und durch die Haut einen Stock in die Mitte der Dose stoßen. Zum „Rummeln" zieht man den Stock auf und ab oder schlägt ihn seitlich an die Dosenwand. So ziehen die Kinder lärmend durch die Ortschaft.
Futtgens sind eine Spezialität, die gerne am 31. Dezember gegessen werden: Die Rummelpottkinder erhalten dann Pfeffernüsse, Äpfel, Zuckerkringel und Futtgens als Belohnung für ihren Gesang vor der Haustür:

> „Dat ohle Jahr, dat nie Jahr.
> Sind denn nu bald de Futtgens gar?
> Krieg ick een, so blief ick stahn,
> Krieg ick twee, so will ick gahn,
> Krieg ick dree, so wünsch ick Glück.
> Dat de Kocksch mit de Futtgens
> to de Schosteen rut flüggt."

20 g Hefe, ³/₄ l Milch, 500 g Mehl, 100 g Butter, 3 EL Zucker,
1 Päckchen Vanillezucker, 8 Eier, l TL Kardamom,
50 g gemahlene Nüsse, 100 g Korinthen,
¹/₈ l Sahne, Zucker und Zimt, Ausbackfett (z.B. Schmalz)

Die Hefe in der lauwarmen Milch auflösen, mit etwas Mehl vermengen und zum Aufgehen beiseite stellen. In der Zwischenzeit die Butter mit Zucker, Vanillezucker, Sahne und Eiern schaumig rühren und mit dem Kardamom, den Nüssen und Korinthen unter die Hefemasse schlagen. Den Teig 45 Minuten zugedeckt zum Aufgehen beiseite stellen. Eine Pfanne mit halbrunden Vertiefungen (siehe Bollebäuskes) heiß werden lassen. In jede Vertiefung ganz wenig Schmalz geben. Dann mit einem Eßlöffel Teig abstechen und in dem heißen Fett ausbacken. Das Gebäck abtropfen lassen und durch Zimtzucker wälzen. Man kann die Futtgens auch in einer Friteuse ausbacken.

Mutzenmandeln und Hobelspäne

Ebenfalls aus dem Rheinischen sind uns als typische Neujahrs-, aber auch Karnevalsgebäcke die Mutzenmandeln und die Hobelspäne bekannt. Frisch gebacken und durch Zimtzucker gerollt bzw. mit Puderzucker bestreut, sind sie ein herrliches Gebäck.

Mutzenmandeln

50 g Butter, 125 g Zucker, 2 Eier, 300 g Mehl, 1 TL Backpulver,
125 g gemahlene Mandeln, 2 EL Rum, gehärtetes Fett zum Ausbacken,
Zimt und Zucker

Die Zutaten zu einem festen Teig verarbeiten. Ungefähr ¹/₂ cm dick ausrollen. Mit einer Mutzenmandelform kleine Plätzchen ausstechen und diese in heißem Fett ausbacken. Nach dem Abtropfen durch Zucker oder Zimtzucker wälzen.

Hobelspäne

400 g Mehl, 1 TL Backpulver, 125 g Butter, 125 g Zucker,
abgeriebene Schale von 1 unbehandelten Zitrone, 3 Eier,
3 EL Rum, 100 g gemahlene Mandeln,
Öl oder gehärtetes Pflanzenfett zum Ausbacken,
Puderzucker zum Bestäuben

Alle Zutaten zu einem ausrollfähigen Teig kneten. Auf bemehlter Unterlage ausrollen und mit einem Teigrädchen in 2 cm breite und 8 cm lange Rechtecke ausrollen. In die eine Hälfte einen kleinen Schlitz einrädeln und das andere Ende wie zu einer Schleife durch diesen Schlitz ziehen. Das Fett erhitzen. Die Hobelspäne goldgelb darin ausbacken. Abgetropft und ausgekühlt mit Puderzucker bestäuben.
Beide Gebäcksorten möglichst frisch verzehren. In festschließenden Dosen halten sie sich einige Tage, danach schmecken sie muffig.

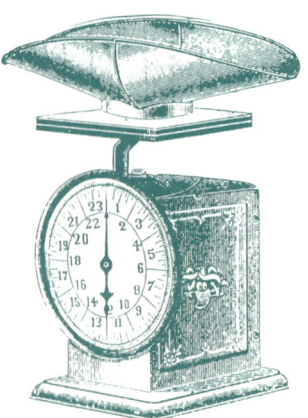

Kranzkuchen

Im Saarland gibt es einen schönen Brauch. Da sucht jedes Kind, wenn möglich, seine Paten auf, um ihnen ein „frohes, gesundes Neujahr" zu wünschen. Als Dank dafür erhielten die Kinder früher (oft auch heute noch) einen kleinen Kranzkuchen, das sogenannte „Klein-Neujahr". In dem Jahr der Schulentlassung, das gleichzeitig auch die Entlassung aus der Patenschaft war, gab es einen großen Kranzkuchen, das „Groß-Neujahr". In den Kuchen war ein Holzspan eingebacken, ein Zeichen dafür, daß das Kind „entspänt" wurde.

60 g Hefe, 125 g Zucker, 3/8 l Milch, 1 kg Mehl, 1 TL Salz, 100 g Butter,
2 Eier, je eine Handvoll Rosinen und Korinthen

Die Hälfte des Mehls in eine tiefe Schüssel sieben und eine Mulde hineindrücken. Die Hefe hineinbröckeln, mit etwas Zucker bestreuen und mit 3 Eßlöffeln lauwarmer Milch glattrühren. Mit etwas Mehl bestäuben und den Vorteig 15 Minuten zugedeckt an einem warmen Ort gehen lassen.

In der Zwischenzeit die Milch mit dem Salz, mit Zucker und Fett anwärmen und nach etwa 15 Minuten die lauwarme Flüssigkeit zu dem Mehl in die Schüssel rühren, bis sich alles gut vermischt.

Wenn der Teig glatt ist, nach und nach den Rest des Mehls und die übrigen Zutaten dazugeben und mit dem Kochlöffel oder dem Knethaken so lange schlagen, bis der Teig fest ist. Nun den Teig mit den Händen sehr gut durchkneten, bis er sich leicht vom Brett löst. Dann in eine Schüssel geben und wieder zugedeckt etwa 25 Minuten gehen lassen (an einem warmen Ort). Wenn sich die Teigmenge verdoppelt hat, noch einmal kurz durchkneten. Danach zu einem Zopf flechten und diesen zu einem Kranz legen. Die Enden fest andrücken. Erneut 15 Minuten lang zugedeckt gehen lassen. Auf ein Backblech legen, mit Milch bestreichen und mit etwas Zucker bestreuen. Bei 200 °C 45–60 Minuten lang backen.

Berliner Pfannkuchen

500 g Mehl, 40 g Hefe, ⅛ l Milch, 1 Ei, 60 g Butter, 1 Prise Salz,
abgeriebene Schale von ½ unbehandelten Zitrone, 60 g Zucker,
Marmelade oder Pflaumenmus, gehärtetes Pflanzenfett zum
Ausbacken, Puderzuckerglasur oder Puderzucker zum Bestäuben

Den Hefeteig zubereiten wie auf Seite 101 beschrieben. Nach dem Gehen wird er auf einer bemehlten Arbeitsfläche ca. 1 cm dick ausgerollt. Daraus sticht man etwa 5–7 cm große runde Plätzchen aus. Auf jedes zweite Plätzchen wird in die Mitte etwas Marmelade oder Pflaumenmus gegeben. Die Ränder mit Wasser bestreichen und ein leeres Teigstück fest darauf drücken. Die fertigen Pfannkuchen nochmals zum Aufgehen zugedeckt ca. 15 Minuten beiseite stellen. Die Pfannkuchen in das erhitzte Fett legen und von beiden Seiten goldbraun ausbacken. Mit Puderzuckerglasur überziehen oder mit Puderzucker bestäuben.
Berliner Pfannkuchen wurden am Silvesterabend mit Punsch serviert. In manchen Familien war es üblich, statt Marmelade ein Geldstück oder ein Papierröllchen mit Scherzsprüchen einzubacken.

Dreikönigskuchen

In Frankreich backt man zum Dreikönigstag einen großen Kuchen in Form eines Kranzes, der die Krone darstellen soll. Mit hinein backt man ein Silber- oder Goldstück. Wer beim Verteilen des Kuchens dieses Goldstück in seinem Stück findet, ist König für ein Jahr und löst damit den alten König ab. Der durfte bis dahin seine Krone aus vergoldeter Pappe

tragen und muß sie nun dem Nachfolger aufsetzen. Nach dem Kaffeetrinken läßt die Familie mit Gesellschaftsspielen den Tag ausklingen. Wenn Sie kein Geld einbacken möchten, mit einer Mandel macht das Spiel auch Spaß.
Die Reste des Kuchens, den „part du bon Dieu", verteilte man früher in Frankreich an die Armen.

Teig: 300 g Mehl, 25 g Hefe, knapp ⅛ l Wasser, 150 g Zucker,
1 Päckchen Vanillezucker, 150 g Butter, abgeriebene Schale
von 1 unbehandelten Zitrone, 1 Ei, 120 g Rosinen, je 50 g Zitronat
und Orangeat, ⅛ l Sahne, Orangenblütenwasser zum Bestreichen,
Hagelzucker zum Bestreuen

Das Mehl in eine Schüssel sieben. In die Mitte eine Vertiefung drücken. Die Hefe in dem Wasser und etwas Zucker auflösen, in die Kuhle gießen und mit etwas Mehl verrühren. Zugedeckt 15 Minuten gehen lassen. Danach alle Zutaten der Reihe nach einarbeiten. Die Rosinen vorher durch Mehl wälzen, die Butter leicht erwärmen. Den Teig schlagen, bis er Blasen wirft. Nochmals 20 Minuten an warmem Ort gehen lassen. Danach zu einer Stange rollen und diese zu einem Kranz formen (oder in eine große Kranzkuchenform pressen). Mit Orangenblütenwasser bestreichen und mit Hagelzucker bestreuen. Backt man den Kranz auf einem Blech, so schneidet man ihn an der Außenseite rundum ein paar Mal ein. Bei 180 °C etwa 30 Minuten backen. Stäbchenprobe! Wie fast alle Hefegebäcke möglichst am gleichen Tag verzehren.

Verzeichnis der Rezepte

Gebildbrote, würziges Kultgebäck aus Pfefferkuchen- oder Lebkuchenteig

Ein bunter Teller voller Plätzchen

Konfekt zum Verschenken und Selbstgenießen

Kuchen und Torten, die nach „Apfel, Nuß und Mandelkern" duften

Traditionelles Backen zu Silvester und Neujahr